斎 藤 一 人

同じことをしても うまくいく人 いかない人

親子関係から紐解く しあわせのヒント

斎藤一人　舛岡はなゑ

ぴあ

はじめに

この本を手にとっていただき、心から感謝いたします。
実業家・斎藤一人さんの弟子、舛岡はなゑです。

同じことをしていても、うまくいく人、いかない人がいる。これって不思議に思いませんか？

「コロナ」禍において、同じように飲食店を経営していても、売り上げが大きく違う。また、同じ家族構成でも、喧嘩ばかりで憎み合っている家族もいれば、自粛の中でさらに仲良く暮らす家族もいる。何が違うのか？　どこに差があるのか？

本書ではそれを斎藤一人さんとともに、解き明かしていきたいと思います。

私は、「コロナウイルス感染症の蔓延」前の3年間、毎月5～6回の講演会を行い、延べ1万2千人以上の人たちと会ってきました。そして、交流会では、さまざまな相談にのってきました。また、最近ではクラブハウスを通じて、たくさんの方々の話をモデレーターとして聞いています。

家族やパートナーへの不満、子どもの教育のこと、仕事への不安、悩みはそれぞれ。でも、多くの人の共通点は、たったひとつ。「常識」という観念にとらわれていることなんです。

家族のために尽くさなければならない、母親としてまじめにふるまわなくてはならない、お姑さんの言うことは聞かなくてはならない、上司の命令はイヤでも聞かなくてはならない、仕事はつらくてもやらなければいけない……悩みが解消できず、うまくいかないのは、自分が固執している考えのせいだったのです。

どうしてこの考え方になったのか、どうしてこの考え方をすぐに変えられないのかを、悩んでいた皆さんの話を聞いて、私なりに分析してみました。すると、多くの人が小さいときに親や学校から知らず知らずのうちに植え付けられた「教え」や「観念」に、原因があったんです。

人生をうまく生きられない理由は、子どものころに教わった「常識」という名の教え。まずは、これを取り払う必要があるんです。ただね、親から伝えられた教えって、一見子どもにとって〝いいこと〟のように思えるでしょ？　親の愛のように思えてしまうんです。

でも、そうではない、実は親も子も勘違いしていることをお伝えしたくて、この本を書きました。

必要のない教えを手放し、一人さんが教える「自分を愛する」「心を軽くする」「そのままの自分でいい」、そんな「常識を超えた素敵な考え」をお教えします。

誰もが、今からできる、素晴らしい考え方です。

これを知れば、あなたの未来は、絶対明るくなります。

斎藤一人名代　舛岡はなゑ

もくじ

本書には「神様」という言葉が繰り返し出てきますが、ここでは、私たちの命を創造した「大いなるエネルギー」を指しています。特定の宗教における神様ではありませんので、そのことをお伝えしておきますね。

対談

斎藤一人
×
舛岡はなゑ

うまく
いかない状況を
“うまくいく”に
変える方法

うまくいく人、いかない人、大きな違いは、その人の持つ波動なんだよ。

はなゑ　新型コロナウイルスの世界的な感染拡大を経て、日本人も今までにない経験をしました。「コロナ」禍にあっても、うまくいき、成功している人もいます。また、同じ職業、同じ環境にいてもうまくいかない人もいます。このように、うまくいく人や成功する人はどのような人なのでしょうか？

一人さん　すべては波動だと思っているんだよ。波動とは、何かというとね、「考え方」なんです。だから、うまくいくもいかないも、考え方を変えればいいんだよ。

今はね、心を軽くすることが大切だから、「ふわふわ」って言ってごらん。簡

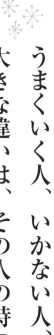

単に気持ちが軽くなるからね。

はなゑ　テクニックとか、努力じゃないんですね。同じことをやっても、苦しんでやれば、苦しいものしか生まれない。楽しくやっていると、楽しい波動でうまくいっちゃう。やっているときの波動で大きく変わりますよね。「ふわふわ」と言っていると、不思議と明るく軽い気持ちになりますね。いろいろなひらめきもわいてきます。

一人さん　そうだね。「ふわふわ」と言っていると、いい波動が生まれるんだよ。

はなゑ　具体的にはどのように「考え方」を変えたら、いいのでしょうか？

一人さん　たとえば、「こんなつらい試練があったから、今の自分がある」「すごいイヤな人と会ったから、自分はこうなれた」「あの試練で、やりたいことが見つかった」、こうやって、思いを変えてごらん。

はなゑ　一人さんがよく言う、「中学校しか出ていないけれど、早く社会に出られるから得をした」「英語ができないけれど自分には必要ないし、必要なときは誰かが助けてくれるから大丈夫」ということですよね。

どんなことでも、この「いいほうに思いを向ける」考え方が大事なんですね。

一人さん　そうだね。もう少し詳しく説明するとね、この「楽しく、心が軽くなる」というのは、相手にとっても自分にとってもお互いにいいことなんだよ。だから、片方によくて、片方には悪いという考え方は、たいしていい考えじゃないね。すべてに対して、軽くていい考え方をしなくちゃいけないの。

何より考え方なの。考え方が変われば、波動って上がるんだよ。

はなゑ　本当に、私も一人さんと出会ったことで、考え方が大きく変わりました。出会ってから、波動が爆上がりです（笑）。
　そして、自分の思いで人生を切り開くことができるようになりました。

一人さん　いいかい、出会っただけじゃダメなの。一人さんと出会った人は、ものすごくたくさんいるんだよ。波動が上がったのは、考え方を変えて、一歩踏み出して行動したことが大きいんだよ。
　物事を楽しく考えることができると、フットワークが軽くなって、早く簡単に行動できるようになるんだよ。

はなゑ　本当にそうですね。

「困ったことは起きない」
「まず自分を好きになる」

「人が喜ぶような天国言葉*を使う」**

「顔につやを出すと、運がよくなる」

「自分をほめて、人をほめる」

一人さんの考えには、いろんなカルチャーショックがありました。こうした考えを実践することで、私の人生は昇り龍のごとく、今も上がり続けていますね。

＊天国言葉

「愛してます」「ツイてる」「うれしい」「楽しい」「感謝してます」「しあわせ」「ありがとう」「ゆるします」

がんばっても、うまくはいかないよ。心を軽くして楽しまないと神は味方しないからね。

はなゑ　「コロナ」禍の中、どんなにがんばっても、思う通りに物事が運ばないって言う人がいます。こういう人のために、いい波動を受けるヒントをお教えください。

一人さん　どんなにがんばってもうまくいかないって場合は、やり方が間違っているんだね。やり方を変えるしかないね。

うまくいくときって、そんなにがんばらなくてもうまくいくんだよ。

今なら、「ふわふわ」って言葉を言ってみることだね。自然と、重たい考えだったのが、軽くて明るい考えに変わるからね。

はなゑ　これからのキーワードは「ふわふわ」ですね。努力だけしてもうまくはいかないいんですよね。

一人さん　そうだね。うんとがんばっていること自体が、うまくいっていないということだね。がんばらなきゃうまくいかないと思っているけど、この考え方は大きな間違いだよ。

実は、軽く考えるほうがうまくいくんだよ。

こういう人は、方向もやり方も間違っているんだ。

はなゑ　うまくいっている人を、見たり、聞いたり、寄り添うことですね、テクニックだけを追うのではないんです。明るくて軽い考え方を真似ることですね。

一人さん　オレに言わせりゃ、うまくいくまでやり方を変えることだよね。人生うまくいく方法なんて、千も二千もないんだから、十くらい改良すれば、うまくいくようになっているんだよ。

それでもうまくいかないのは、向いてないか、やり方が間違っているだけ。

オレたちは、何事も軽く考えているから、方向転換も早いんだよ。うまくいってる人の波動に合わせることだね。

うまくいかないことが起きても このことが「ダイヤモンドに変わる」って思うと、本当にいいほうに変わっちゃうんだ。

はなゑ　子どもの頃の環境や親の育て方で、「自分はダメな人間だ」と勘違いしてしまうことがあります。自己肯定感がないのは、親の影響が大きいのでしょうか？

一人さん　その人のとらえ方なんだよね。同じように育てられても、とらえ方を変えれば「思い」は変わるからね。子どもの性格って、環境もあるけど、もって生まれた魂の性質もある。親のせいだけではないんだよ。

ただね、うまくいかない人の特徴は、物事を重くとらえてしまうということなの。

楽しいことを考えないで、未来を明るくとらえないで、しあわせにはなれないんだよ。まずは、そのことを知ってほしいよね。

はなゑ　「おまえのため」という愛情の名のもとに、親に否定的なことを言われて、自信をなくしてしまう子が多いんです。口うるさい親に育てられたとしても、「自分の好きなようにする！」って反発していた子のほうがうまくいくものですね。

親の言うことを聞く〝いい子〟が世の中にはたくさんいるけど、そういう子は、大人になってトラウマを抱える場合が多々あります。これを解消するには、今まで悩んでいたことを、いいことに変換する。これができると、うまくいくと思います。

一人さん　そう、今までイヤだったことを、いいことに変えちゃうの。それ以外に方法はないんです。そして、親にされてイヤだったことは、子どもにしないこと。仕事でも同じだよ。上司にやられてイヤだったことを自分は部下にはしない。

そうすれば、イヤな出来事も、ダイヤモンドに変わるんだよ。

はなゑ　親と自分との関係は、今の自分形成に大きく関わるものなのでしょうか？

一人さん　関わる人には関わるね。一人さんみたいに、はなっから言うことを聞かなきゃ影響ないけどね（笑）。

みんな親の言うことを聞くほうが正しいと思っているんだよ。正しい意見なら、従っていいけど、正しくないことも多いからね。親も完璧じゃない、未熟だからね。

はなゑ　でも、私はどんなに正しい意見でも、命令されたくないです！

一人さん　それはそうだね。誰だって強制されるのはイヤだからね。

はなゑ　みんな、親の言っていることが正しいと思っているから苦しいの。

一人さん　無理に親の言うことを聞くのは、それは楽しくないよね。そして、これが人生にとってよくないんだよ。親が思ういい子って、大人になっても我慢してしまうんだよ。

はなゑ　本当に社会に出ても我慢していますね。そして親に押さえつけられたまま、それを乗り越えられずにいた人は、職場でも親と同じような関係を持つんです。どんなに納得のいかない上司の意見や命令にも、何も反論せずに従っちゃうんです。結婚すれば、夫や姑の意見に従っちゃう。

一人さん　目上の人に従うのが、正しいと思っているんだよ。

はなゑ　親と子の関係は、社会へ出る前の訓練なんです。だから、反抗期は大事なんですね。「親の言うことなんて聞きたくない、何言ってるんだよ！」って親に反抗して初めて、社会に出て意見を言える子になるんです。

一人さん　一人さんは自分の親が大好きだったよ。最高の親だと思っているの。だけど、親の意見に従うのとは別だ。ことごとく、親の希望に沿えなかったね（笑）。

オレのように、自分の思いにありのままでいることだね。そうすれば、親の意見に左右されない人生を歩むことができるんだよ。

はなゑ　でも、一人さんは好きなことをしたことで、大人になってから大成功して、お母さまはとっても喜んでいましたよね。

子どもには「愛してほっとく」。だけど、いざというときは最大の味方になることだよ。

はなゑ　実際、多くのお母さんたちは、子育てに悩んでいます。子どもをどのように育てたら、うまくいくのでしょうか？

一人さん　**愛を持って、自由にさせてあげることだよね。**
好きなことをさせてあげるんだよ。好きなことをすることを「悪」だと思っている人がいるけど、「悪」なんかじゃない。本来は、好きなことをさせるべきなの。

はなゑ　そうですね。

そして、「子どもが落ち着かないなら、この子は元気な子で、この元気を活かせればいい」って思う、「静かな子ならこの静かな性格が成功をもたらす」って思うこと。そのまま認めてあげて、いいほうに思いをシフトすることなんですよね。

一人さん　そういうことだね。

親がイライラするのは、自分に遊びが足りないからなんだよ。遊べないのは、遊びが「悪」だと思っているからなんだよね。

まずさ、遊んだほうがうまくいくって考えてごらん。楽しいことを常に考えるんだよ。

はなゑ　私の周りには、「楽しんでるほうが人生うまくいく」って思っている人がたくさんいて、本当に自由に楽しんで、自分も家族もしあわせになっています。

そういう波動になっているんです。

親が自分の好きなことをして、外へ出ると、実は子どもは安心するんです。〝自分は信じてもらっている〟と、思えるんです。

一人さん　遊ばなきゃ、うまくいかないんだよ。

一人さんは、仕事を楽しんだから、納税日本一になったんだよ。

適当に、遊んでいると、人生は楽しいの。人生を楽しむことができないで、仕事を楽しめるわけがない。そして、仕事は楽しまないと、うまくいかないんだよ。

遊ぶがごとく仕事をしている人には、誰もかなわないということさ。

はなゑ　多くの親御さんから、「親がやらなければならないことは何ですか？」って聞かれるんです。一人さんはどう思われますか？

一人さん　**信じてほっとく、愛してほっとくことだね。**
危険なときだけ、手を差し伸べればいいんです。

はなゑ　「愛ほっと」ですね。今の親は構い過ぎですよね。
それと同時に、子どもと接するときは、小さな大人だと思って接するべきなんです。自分の所有物のように扱う人がいるけど、子どもは尊い存在なんです。きちんと、ひとりの人として見ることですね。

一人さん　何より心配するのをやめること。みんな〝心配は愛〟だと思っているんだよ。そもそも、心配ってさ、ちっとも得しないだろ？
心配してイライラドキドキする自分もつらいし、心配される子どもにとってもわずらわしいものなんだよ。

はなゑ　一人さんは、いじめについてはどう思いますか？
子どもがいじめにあったとき、親はどう対処したらいいでしょうか？

一人さん　いじめられたら、親は学校へ怒鳴り込むことだね。「この親はいざとなったら、自分の味方をしてくれる」って、子どもに思ってもらう行動をすることなの。ここは、親が全面的に戦うんだよ。
また、殴られたり、蹴られたり、暴力を振るわれたら、警察に訴えること。警察に相談に行くんじゃないよ、訴えに行くの。きちんと親が守ってやらなきゃいけないの。

はなゑ　自分の子どもがいじめられているのをわからないって言う親がいるけど、毎日一緒に暮らしていてたら、わかるはずですよね。
本来、子どもは1日400回笑うんですって。大人の約25倍らしいですよ。無邪気で明るい子どもが、笑わなくなったときは、何かがおかしいって気づくべきなんです。

一人さん　成績が落ちたらすぐにわかるのに、いじめられているのがわからないなんて、おかしいよ。

それとね、いじめにあうのは、弱いからなんだ。弱くていじめやすいから、標的になるんだよね。

親が、きちんと訴えることなんだよ。親が強いと怖いからね。お母さんが怒鳴り込むとか、お母さんが学校にいる間ずっと見張っているとか、親が立ち向かうべきだね。いじめ対策は総合力なんだよ。

はなゑ　親がおっかない人だと、いじめられないって、よく一人さんは言ってましたよね（笑）。たとえば、格闘家の子どもとかは、怖くていじめの対象にはならないですものね。

一人さん　よく、「いじめられたら勉強で見返しなさい」って言うけど、そんなの無理だよ。いじめているやつと友達になりなさいなんていうのも無理。

はなゑ　いじめで学校へ行きたくないなら、行かなくていいんです。行かなきゃいけないと思っているから、つらいんです。無理に行かせると、子どもは壊れてしまいます。

いじめに関係なく、今、私の周りにも学校に行かない子は大勢います。みんな学校に行く意味がわからないって言うんです。正直、学校に行かなくても問題はないってわかっているので、大丈夫なんです。家や学校以外のところで社会勉強をして、立派に働いている人が山ほどいます。

その最先端が一人さんですよね。

親が楽しむことで、子どもは勝手に成長するの。

はなゑ　反抗したり、ひきこもったり、傷ついたり、そんな子どもたちに何人も会いましたが、みんな共通して言う言葉は、ひと言だけ。

「親に信じてほしかった」ってこと。

一人さん　**〝心配は愛ではない〟ことを、知ってほしいよね。**

親がやってはいけないのは、構い過ぎることだね。干渉し過ぎちゃダメなの。

そして、過干渉の人って、遊びが足りないんだよね。

特に日本人のお母さんは、心配することが愛情だと思ってるんだよね。

はなゑ　お母さんは、もっとおしゃれして、キレイになって、自分のことを構うことです。自分の時間を大切にすると、子どものことを信じられるようになるんです。楽しい波動が子どもにも伝わるから。

一人さん　**親が見本を見せることだよね。仕事は楽しい、人生は面白いってね。**

はなゑ　そうですよね。英語ができない人が英語を教えられないように、人生を楽しめない人が人生の楽しさを教えられるわけがないですね。

一人さん　よく親は、「あんたたちは、学校へ行くだけだから、ラクで楽しいだろ」って言うけど、学校なんて面白いわけないんです。そうやってウソつくから、信じられなくなるんだよ。「お母さん、もう一度学校へ行くかい？」って聞いたら、みんなイヤがるよね（笑）。

はなゑ　うちの親は、素直に学校嫌いだったようです。だから、「社会に出たら、楽しいことが待っている」って、教えてくれました。
その言葉を聞いて、私は早く学校を卒業して社会に出たかった。「未来は明るい」って、その頃から思っていたし、社会に出たらもっと楽しいって思ってました。だから、今の私がいるんです。

〝自分も世界もどんどん良くなる〟この考えが大事なんですね。

第1章

「考え」を変えるだけですべてがうまくいく

斎藤一人

1 今、キーワードは「ふわふわ」心を軽くすることが大事なんだ

パンデミックによって、みんなの心が重くなって、がちがちに固まっている気がするんだよね。だからね、今は気分を「ふわふわ」にしておくといいよ。ふわふわでいると、大変な出来事も、軽く感じることができちゃうんだ。そして、本当に大変じゃなくなっちゃうんだよ。

今の時代、天に近い心地よさが必要なんです。天と同じような、「ふ

わふわ」な気分でいること。ふわふわしているときって、不思議なんだよ。神様からの素敵なアイデアをいただいたり、ひらめきをいただいたりするの。

剣術でもそうだけど、力を入れているときは、勝てないんだよ。力を抜いたときに、本当の力が発揮できるの。

がんばりすぎても、努力だけしてもうまくいかないよ。心を軽くして、楽しいことをすることで、天が味方してくれるんだよ。

もし、ふわふわっていう気分がわからないなら、言葉に出すことだね。

「今、ふわふわしている」

「ふわふわっていいな」
「ふわふわ、大好き」

「ふわふわ」って言ってるだけでいいよ。ぎすぎすした気持ちがゆるまって、和らいでくるからね。

ワクワクもいいけど、これからはもっとラク〜に、ふわふわすることなの。

この「ふわふわ」は、これから千年以上続くキーワードになるよ。

2 心の畑に何を植えるかが問題だった

うまくいかない人って、いつも心の中に、モヤモヤの種を蒔《ま》いているんです。イヤな思い、イヤな考えを持っていると、本当にイヤなことが起こってしまうんだよ。

いいかい、人はね、心の中に畑があって、自分自身で畑に種を植えているんです。たとえば、つらい気持ちでいると、つらい種を蒔いちゃう。すると、つらくなるような出来事に遭遇して、さらにつらくなってしまうんです。

今、うまくいかないなら、その思いを植えちゃダメだよ、苦しいなら苦しい思いを植えちゃダメなの。


「コロナ禍の影響で、売り上げが上がらず困ってる」

「リモートワークで家族が家にいてイヤになる」

「友達にも会えない、外食もできなくてイライラする」

そんなことを言っていると、さらに状況は悪くなる。つらい中でも、どんな小さなことでもいいから嬉しかったこと、よかったことを探すんです。そして、言葉に出してごらん。

「会議がリモートになって、全国の人と一斉に会えて仕事がはかどった」

「今まで家にいなかった娘とゆっくり話ができていい時間になった」

「コロナのおかげで、あらたな働き方ができてよかった」

いいことを探して、心の畑にいい考え、いい思いの種を植えるんだよ。もし、いいことが探せないなら、「このことがダイヤモンドに変わります」「ふわふわ軽くなります」って、魔法の言葉を口に出してごらん。

「コロナ」禍を経験した今、みなさんに伝えたいのは、「楽しくて心が軽くなる考え方」にシフトしようっていうことです。

「楽しくて、心が軽くなる」これができた人から、しあわせになっていくんです。

3 「考え」を変えられないのは、育った環境も関係している

一人さんが「楽しくて、心が軽くなる考え方」をしたらいいよ、って言っているのに、びっくりするほどできない人が多いんです。

どうして、考え方を簡単に変えられないかというと、親からや学校で習った「常識」に縛られているせいなんだよね。「～しなければならない」という観念にとらわれて、自分の本当にしたいことや、やりたいことができなくなっている。

親や教師の言うことは、絶対なんかじゃない。教える方もみんな未熟だったの。それに、年々物事は発展しているし、親や教師の時代と今とは考え方も違う。みんな、そろそろそれを知るべきだよね。

苦手なものは、自分の人生においてはほとんど使わないものなんだよ。無理に学ぶ必要はないんだよ。できないことは、誰か得意な人にやってもらえばいいんだからね。その分、得意なことや好きなことを伸ばしていけばいいんだよ。

親は、育てようとしなくても、子どもを信じて見守るだけで大丈夫です。子どもを育てるうえで、「心配」は「信じる」の反対語。

信じるだけでいいの。あんまり心配すると、子どもは「このままの自分ではダメだ」と思ってしまうんだよ。

本当は、自由にしてあげれば子どもは勝手に育つの。好きなこと、やりたいことを自由にさせてあげるんだよ。そして、親も自分の好きなことをすれば、うまくいくの。

お互いが人生を楽しめば、親も子もラクになるんだよ。

4 「そのままの自分」を取り戻すことから

人は、「世間の常識」によって「そのままの自分」ではなくなっている、という話をしたけれど、「そのままの自分」ってどんな自分なんだろう？　本当の自分がわからなくなっている人って多いんです。

生まれたばかりの赤ちゃんってさ、本当に無邪気だろ？ 甘えたり、はしゃいだり、笑ったり、好奇心いっぱいだよね。自由で、あるがままだろ？　そのころの自分に戻ればいいんです。

ただ、環境や育てられ方のせいで、すぐに「そのままの自分」に戻るのは難しい人もいるんだよね。あとの章で、はなゑちゃん（共著・舛岡はなゑ）がいろいろな方法を教えてくれるから、試してほしいけれど、まずは自分の好きなことをいっぱい探してみることだよね。

フラダンスを踊るでも、釣りに行くでも、映画を見るでもいい。やりたいことを見つけてみるんです。

一人さんは、旅をして、田んぼを見るとすごくいい気持ちになれるの。美味しいそばとかラーメンとかあれば最高だよ。

「ふわふわ」と心を軽くして、好きなことをしていると、楽しいアイデアが次々わくし、神様のメッセージも届きやすくなるんだよ。

心が悲鳴を上げている人は、自分が好きなことすら忘れている場合もある。何をやれば楽しいのか、何をすると気持ちが高揚するのか、わからなくなっているんです。

そんなときは、小さいころ好きだった食べ物を思い浮かべてみるといい。駄菓子でも、シュークリームでも、うな丼でもいいの。それを食べてみることだね。好きな味、恋しい食べ物を味わうことから始めてください。

心が疲れているなら、ステーキとか、焼き肉とかガッツリした肉を食べるといいよ。こういうときは、肉がパワーを与えてくれるんです。

次に子どもの頃にやりたかったことを思い出すの。そのころできなかったことも、今ならできるかもしれないからね。子どものころにやりたかったバイオリンを還暦から始めた人がいるけど、「うまくならなくてもバイオリンを持っているだけでしあわせだ」って言ってたよ。

あとは、イヤなことを少しずつやめていくんだよ。嫌いな人とも離れたほうがいい。そうすると、楽しむ余裕ができるからね。

そうやって、イヤなことをやめて、少しずつ好きなことを思い出して、増やしていくんだよ。「そのままの自分」を取り戻すためには、これが、特効薬なんだ。

5　波動のいい仲間と楽しむことが、さらにいい波動を生む

「ふわふわ」と軽い考え方をしてるとね、同じような いい考えの人が集まってくるんだよ。そして、いい人に触れていると、イヤだなって思っていたことさえ、いいことに変えられるんだよ。

「コロナ」禍で、はなゑちゃんは、SNSでクラブハウスを始めたんだ。

このクラブハウスって、なかなか面白いんです。ラジオのように話

が聴けて、自分も自由に参加して話をすることができる。Ｚｏｏｍと違い、顔も見えないからどんな格好をしててもいいしね（笑）。知らない者同士も、自然と仲良くなるんだよ。

はなゑちゃんのクラブハウスには、たくさんの一人さんファンが集まって、うまくいった話や成功した秘訣を話しています。ときには励まし合ったり、相談したり、一人さんの話で大笑いしたり。

楽しい輪の中に入ると、楽しい波動が楽しい波動を呼び、リスナーの中では連日奇跡が起きているようだよ。長年患っていた尿管結石が自然に取れたとか、再就職がうまくいったとか、ひきこもりの子どもが自分の道を見つけたとかね。それを喜び合うのって、楽しいよね。やはり仲間って大事なんです。

また、私の会社「銀座まるかん」の仲間で始めたのが、「さいとうひとり　寺子屋　お茶会」という集まりです。「コロナ」禍の中、少人数で集まったり、リモートで行いながら、1人5分間、みんなの前で話をするんだよ。ここは、一人さんのファンのみんなだからね、一人さんの本やYouTubeで感動したこと、学んだこと、笑ったことなどを話してもらうの。するとどんどん素晴らしい話が出てくるんだよ。それにね、聞いているだけでも気づきがいっぱいあるんです。

いい言葉をいっぱい使って明るい未来を語ると、いつの間にか、悪い波動の人は周りにいなくなるよ。本当だよ、一人さんの周りには、イヤな奴はいないし、いい仲間しかいないからね。
どんなに成功しても、喜び合う仲間がいなくちゃ、つまらないの。仲間がいるから楽しいし、仲間がいるから前進できる。

人生、うまくいきたいなら、「明るい未来」を語り合う仲間を作ることも大事だよね。

第2章

生まれたことの意味を考えてみる

舛岡はなゑ

1 子どもはみんな神様のあずかり者

なぜ人は生まれてくるのか？　不思議好きな私にとって大きな疑問のひとつでした。一人さんと出会い、弟子になって、多くのことを教えていただきましたが、一人さんはこの疑問にも明快に答えてくれました。

「人は何より〝しあわせになるため〟にこの肉体で、この場所に生まれてくるんだよ。生まれてくるときはね、神様に『明るく楽しく遊んでおいで』って送り出されるの。

魂はさ、いろんな経験をしたいんだよ。〝魂の成長〟のために、この世では苦労もするし、つらいことも味わうの。でも、それも必要な経験なんだ。

それでね、人は死んだとき、神様に2つのことを聞かれるんだよ。『人生を楽しみましたか？』と『人に親切にできましたか？』ってこと。

だから、オレたちはこの地球を楽しく生きなくちゃいけない。そして、誰かひとりでもしあわせにすることなんだよ。でもそのひとりは、まず自分なの。自分をしあわせにできる人じゃないと、他人をしあわせにはできないからね」

さらに、私たちは神様の分身だと話してくれました。

「人は誰でも神様の分身で、神様からあずけられた魂なんだよ。だから、たとえ自分の子どもだって、親の所有物じゃないよ。生まれたばかりの赤ちゃんは愛いっぱいで生まれてくるんだよ。だから親は、できないことを無理やりやらせようとしたり、人と比べたり、過度に心配しちゃいけない。そんなことをしてると、子どもは自信をなくすんだよ。本来、〝そのまま〟で、いいの。必要以上の教育で、

〝そのまま〟を壊しちゃいけないんだよ」

ちょっとスピリチュアルな話なので、信じられない人もいるかもしれません。

でも、「魂を成長させるために生まれる」というのは、今では、生死をさまよった人や胎内記憶を持つ人の中でも語られている話です。一人さんは、何でも知っているんだと、今になって感心しちゃいます。

自分が神様の分身だと思うと、自分にダメ出しなんてできないし、優しく扱おうと思います。また、子どもは神様から授った大切な命だと思うと、親の思う通りにしたり、型にはめてはいけない、ということもわかりますね。

私は不思議な話が大好きです。だからか、神様のメッセージが届く人や、胎内記憶を持つお子さん、オーラが見える人などが私に、不思議な話をしてくれます。

私には、オーラも守護霊もまったく見えませんが、そうした話は大好物です（笑）。

20代のソプラノ歌手、ミントちゃんも不思議な話をしてくれる中のひとり。彼女は自分が天にいる魂のときからの記憶をすべて持っています。ミントちゃんの話によると、天から見て地球は、ディズニーランドのように、ドキドキワクワクして楽しさいっぱいの場所。だから、早くこの世に生まれたかったそう。そして、「地球でいろんな経験をして、自分を成長させたかった」と教えてくれました。

生まれる前、少しでも早く地球に行きたかったミントちゃんの魂は、長蛇の列ができている人気のママをあきらめて、あまり人気のないママを自分で選びました。でも、なぜか気になる存在だったそうです。「ママは自分で選んでいる」……これも興味深い話ですね。

生まれてみるとミントちゃんのママは、かなりストイックな人でした。ミントちゃんを常識のあるいい子に育てようと必死。それがミントちゃんには耐えられなかったそうです。されてイヤだったことを、大人になったら伝えようと、ずっと覚えていました。

ママのどんな行為がイヤだったか、具体的にミントちゃんに聞いてみました。

「子ども扱いして、ごまかすこと」

＊子どもは何でもわかっています。小さい大人だと思って接することが大切なんです。

「ウソをついてやらせようとすること」

＊本当のことをきちんと言えば、子どもはわかってくれます。納得してからやりたかったんですね。

「ママが理想とする子どもを強要すること」

＊ピアノをやらせようとしたり、何かを強要したりするお母さんが多いようですね。ミントちゃんは、毎日友達と遊ぶことを勧めてくるママがイヤだったようです。

「『こんなにしてあげたのに』『あなたのためにやってあげたのに』『育ててあげたのに』という一見押しつけがましい言葉」

＊ママもママで、初めてだからこそ、必死に子育てをしていたのだと思います。

でも、ミントちゃんは、「こうなってほしい」ではなく、「そのままでいいよ」と言ってほしかったと言っていました。大人になって、それをきちんとママに話して、お互い理解し合ったそうですよ。そしてミントちゃんは今では、ソプラノ歌手として人生を楽しんでいます。

この世に生まれたのは、そのままの自分を楽しむためなのだと、ミントちゃんの話からも理解できます。これって一人さんが言う通りです。

生まれてきたのは、「地球を楽しむため」。そして、地球では「自分を愛して、人も愛すること」。これがわかると、もっとラクに生きられるのではないかと思います。

2 親が伝えるのは「未来が明るい」ということだけ

親や周りの大人に、「イヤなことをされた」「つらくあたられた」「否定された」という人は、大勢います。それが原因で、自信を失い、自分を嫌いになってしまうのです。でも、本当は勘違いなんです。ダメな子なんていないのですから。

私は、ありがたいことに本当に寛大で楽しい両親に育てられました。ママちゃん（私は母をこう呼びます）は、基本的なこと以外は細かいことを口うるさく言う人ではありませんでした。「勉強しなさい」とか「女の子だから料理をしなさい」なんて言われたことはありません。「いつもおしゃれしてキレイでいるといいよ」「はなちゃんは本当に可愛いわ」と子どもも心にうれしいことをいっぱい言ってくれる人でした。

父親も、「好きなことをいっぱいするんだぞ」「勉強ばかりするヤツは、使えないよ。もっと遊べ、遊べ」。そうやって、いつも希望が持てるような楽しい声掛けをしてくれました。

「未来は明るい」って自然と教えてくれていたんですね。だから、私は次に起こることをワクワク楽しみにしていられました。

父はママちゃんに対してもすごく愛があって、買ってきた服をほめたり、キレイにしていると機嫌がよかったりしていたのを思い出します。

そんな2人に育てられていたので、自分を大切にできたし、自分のことが大好きでした。学生時代、クラスで「自分のことが嫌い」という子がいて、なんで自分を嫌いになれるんだろうと、不思議に思うくらいでした。

私は、臨床検査技師として病院で働いたあと、地元に「十夢想家《トムソーヤ》」という喫茶店を開きます。病院勤務も楽しかったのですが、仲間がワイワイ集まる場所が欲しかったのです。ただ、「楽しい」だけを考えて仕事していたので、お店はいつの間にか閑古鳥に。さすがの私も、このままではまずいと考え始めていました。

そんなとき、このお店にふらりとやってきた斎藤一人さんと出会い、商売の仕方だけではなく、人生を楽しく成功させる方法を学ぶのです。

「眉間にしわを寄せてがんばってもダメだよ。うまくいくには楽しく明るく、顔が晴れるように仕事をするんだよ。これを〝顔晴る〟って言うんだよ」と優しく教えてくれました。天国言葉（p14）を話し、つやのある見た目にして、人をほめるようにしました。こうして行動を変えることで、お店も繁盛店に。もっと一人さんの教えを学びたいと、「銀座まるかん」の事業を手伝うことになり、今では実業家として、販売だけではなく、美開運メイク講座や講演会なども行っています。

ピンチに遭ったものの、私なりのふわふわ感覚で「きっと好転する」「なんとかなる」って思っていたので、救世主が現れたのだと思います。今あるしあわせを数えながら、「もっとよくなる」「楽しいことが起きる」と思っていたのが、よかったのですね。知らず知らずに、しあわせの種を蒔《ま》いていたのです。私にとってお店のピンチは一大事ではありましたが、見事なダイヤモンドに変わっちゃいました。

「コロナ」禍において、一人さんが言い続けたのは、

「どんな困難も必ず終わる」

「未来は明るい」

ということ。

「今もしあわせだけど、もっとよくなる」

「このことがダイヤモンドに変わる」

「ふわふわと軽く考える」

ということ。

そう思えた人から、光が見えてくるんです。

日本は、言霊《ことだま》の国なので、いい言葉を話せば、いいチャンスに巡り合えます。

逆に、イヤな言葉を話すと、その通りのイヤなことが起きるんです。

特に、子どもへ向けた言動には注意したいですね。子どもの前で「コロナ禍のせいでお給料が減って困っている」「お母さんだってお友達と会うことができないで、イライラするのよ」「家での食事に飽きたよね。たまには美味しい外食に行きたい」など、悲観的なことを話すと、子どもが余計に不安がります。

「うちは家族が元気でよかった」「今日はお天気がよくてうれしいね」「毎日ご飯を作ってくれるお母さんには感謝だね」と、明るくなる話をする。そして、今を感謝することで、未来は明るくなるのです。

子どもがいてもいなくても同じです。あなたが、ふわふわ楽しくて、軽くなるような考えにシフトできれば、どんな問題も光のあるほうへ進んでいきます。

3

過去の自分を癒して「そのままの自分」を取り戻す

私は3年ほど前の講演会で、インナーチャイルドを癒していく「癒しのレッスン」をワークとして教えていました。この頃、両親や友達、教師や上司との関係で、昔の古傷を持ち続けている人がすごく多かったのです。

自分が親になり、親と同じイヤなことを子どもにしてしまわないか悩んでいる人、ときどき親にされたことを思い出して心がすさんでしまう人、口うるさい親に会いたくない人……このように特に親との関係で悩んでいる人が多く参加して、心を癒していきました。

現在の講演会では、3章でお教えする「解放ワーク」（p95）を取り入れています。叫んで開放したほうが、イヤな思いを一気に取り払うことができるからです。

ただ、静かに自分で自分を癒したい、ゆっくり自分を見つめ直したい、という人も中にはいるんですね。インナーチャイルドに関して、もう一度知ってほしいと思い、この「癒しのレッスン」を紹介します。

インナーチャイルドとは、幼い頃に大人に言われた価値観や言葉に支配されて、生まれるものです。

●自分のことより世間の目を優先された。
●やりたくないのに無理にやらされた、逆にやりたいことを制限された。
●「妹はおりこうなのに、なぜあなたはおとなしくできないの？」「お兄ちゃんは成績がいいのに、この成績は何！」など兄弟と比較された。
●遊んでほしい、甘えたいのに、一緒にいてくれなかった。
●「本当にダメな子」「〜しているから、うまくできないんだ」「努力が足りないんだよ」などと否定するようなことを言われた。
●言葉の暴力だけでなく、実際に蹴られたり、たたかれたり、殴られたりといった虐待を受けた。
●食事を与えない、服を着させない、無視するなどの育児放棄をされた。

などが挙げられます。いずれの場合も子どもは矛盾を感じながら、大人に従うことになります。そして、大切にされなかったという悲しく悔しい思いが、大人になっても傷として残るのです。

「癒しのレッスン」では、大人にされたつらい出来事を、自分自身で癒してあげ

ることができます。

傷を負ったときの自分に会いに行き、どんな自分にも寄り添い、励まし、抱きしめてあげるだけ。あなたが「イヤだって思うのは当たり前だよ。あなたは悪くない。大好きだよ」とそのときの自分に伝えてあげるだけでいいのです。そのままの自分を全部肯定して寄り添い、愛してあげることで、この傷は少しずつ薄れていきます。そして、ここで「思い」の書き換えをするのです。

一人になれる部屋で、ゆっくり目を閉じて始めてください。お風呂の中でもいいですよ。

〈癒しのレッスン〉

①自分で自分をギュッと抱きしめてください。

②目を閉じて、お母さんのお腹にいるときをイメージします。心地よくて、楽しくて、ぷかぷか浮いていたかもしれませんね。早く生まれたくてワクワクしているかも。もしかすると、胎内の記憶もよみがえるかもしれませんね。

③生まれたときを思い出してみましょう。周りの人はどんな反応だったのでしょうか？　みんなは喜んでくれましたか？

④1歳、2歳……だんだん大きくなっていきます。何かモヤモヤを感じたら、その年齢で立ち止まってください。そして、もし行き場のないやるせない気持ち、悲しい、寂しい気持ちを持ったら、何があったのか思い出して、そのときのつらい思いに寄り添ってみましょう。

⑤そのとき呼ばれた名前を思い出して、大人になったあなたが声をかけてあげましょう。

「○○ちゃん、大丈夫だよ」

「イヤな気持ちだったんだね」

「そう思って当たり前だよ」

「あなたは悪くない」

「○○ちゃんはいい子なんだよ」

「お父さんのわからず屋」

「お母さんのバカ！」

「泣いたっていいんだよ」

「本当はもっと愛されたかったんだね」

「もっと自分のことをわかってもらいたかったんだね」

好きな言葉を優しく語りかけて、つらい思いをしていた自分を優しく抱きしめてあげましょう。

⑥さらに、

「そのままの自分でいいんだよ」

「いっぱい愛しているよ」

あなた自身に伝えてあげましょう。自分を癒すことで、傷は薄れて、その傷は光になって心から抜けていきます。

⑦その先の年齢にも、傷を受けた出来事に出合うかもしれません。その都度、立ち止まって、癒す作業を繰り返します。今の年齢になるまでゆっくり遡って、癒しの作業を続けましょう。

⑧1度だけでは、浄化できない根深い傷もあります。でも、何度か癒しの作業を繰り返すと、いつの間にか不安な気持ち、やるせない気持ちが薄れていきます。

みなさんに伝えたいのは、インナーチャイルドに苦しめられている人は、みんな子どものころからとっても〝いい子〟だったってこと。未熟な大人から受けた言動や暴力に、「やめて」「そんなこと言わないで」「もうしないで」と言えなかった子ばかりです。

ただ、本当は「イヤなことはイヤ」と言いたかったんです。子どもは力がある大人に抵抗できないこともあります。そのつらかった思いを解放してあげるのです。

今は、「イヤなことはイヤ」と言えるはず。これは、わがままではありません。自分を大切にする、つまり愛するということなのです。

自分を愛し、大切に思うと、世界が変わります。では、どのように変わるのか、次のページでお話ししましょう。

4 自分を愛したとき、すべては変わる

「私は何をやってもうまくいかない」「なんて自分はダメなんだ」こうした自己否定は、自分を愛していないということなんですよ。

神様に愛されるためには、何より自分を大切にして、寄り添って、味方になってあげなくちゃいけないのです。

自分の愛し方には、さまざまあります。前ページのように、自分の過去の傷を癒して、寄り添うことも愛することのひとつ。また、自分の気持ちに素直になったり、好きなことをすること、キレイになることも、愛することなんです。

ここで、伝統ある家で育ったちかちゃんの話をしましょう。ちかちゃんは社会人になったころから、みんなに信頼される大人にならなきゃいけないという意識が強くなります。結婚してからも、いい妻、いいお母さんになろうと、自分のことは後回しに。趣味や好きなことも控えて、ご主人のため、子どものために尽くしてきました。家族や周りの人がしあわせならそれでいい、と思って暮らしていたのです。

私の講演会に来たちかちゃんは、会場のみんなに向けて話したこの言葉に、衝撃を受けます。

「もっと自分を大切にしなきゃダメだよ。いつもおしゃれをして、キレイにして、自分を愛してあげてね。構うのは子どもじゃなくて、自分の眉毛だよ！」

ちかちゃんは、今まで眉毛の手入れはおろか、メイクも気にしない生活をしていました。そして、毎日、着古した服を着て、見えないからと何年も同じ下着をつけていたことに気づくのです。

「今まで自分を大事にしていなかった。何かを変えなきゃ！って意を決して、前から憧れていたランジェリー店に行き、素敵な下着を購入してみたんです。すると、気持ちがワクワク高揚して、もっと自分をキレイにしたいって思うようになりました」

下着だけではなく、着る服も変わり、メイクもきちんとするように。今では、とっても華やかなママに変わりました。

そして、今まで家族のため、人のために使っていた時間を自分のために使うようになったのです。自分を大事にすることが一番なんだとわかったそう。

そして、不思議なのですが、自分を愛してあげたことで、家族も周りの人も変わります。ちかちゃんのやりたいことをご主人が認めてくれて、遊びに行くのも旅行に行くのも快く送り出してくれるようになったのです。

また、職場でも変化がありました。ちかちゃんがゆるく軽い振る舞いができるようになったことで、同僚の人たちも穏やかな対応になったそう。明るい職場で、頼りにされる存在になっています。

自分を愛すると、人も愛してくれるようになるんです。

これからは、ワクワクだけではなく、「ふわふわの時代」に入りました。思うがまま、心地よい時間を過ごす。自分が楽しいと思うことを、軽い気持ちで気負わずやる。これこそが、幸運への鍵なのです。

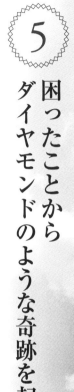

5 困ったことから ダイヤモンドのような奇跡を起こす

新型コロナウイルス感染症によって、世界は大きく混乱しました。つらいことが山ほど起こったので、「コロナ」を憎く思う人がいるのは当然です。ただ、つらいことを数えても、つらい思いを引きずるだけです。「コロナ」禍で、よかったことを考えてみてはどうでしょう？

私の場合、「コロナ」禍で得たものは、莫大でした。会議はＺｏｏｍになり、全国各地の人たちと一度に顔を合わせることができるように。打ち合わせもリモートで、全員とのコミュニケーションもより深いものになりました。また、講演会も対面だけでなく配信を加えて、多くの人と触れ合えるようになったんです。

さらに、クラブハウスのおかげで毎日のように、仲間と語らうこともできました。YouTubeで、一人さんファンに向けての発信もスムーズになりました。SNSを活用して、時代に合った、効率的な仕事ができています。

「コロナ」によって変われたと思うと、明るい方向へ向かうことができるのです。

エアライン専門の就活アドバイザーをしている、みかちゃんの話をしましょう。

みかちゃんは、CA（キャビンアテンダント）などを志望する就活生に、就職するための適切な方法をアドバイスしたり、試験傾向などを教えたりする仕事をしています。会社を立ち上げて5年、順調に業績を上げていました。ところが、「コロナ」禍において、エアラインの募集は激減、みかちゃんの会社も大打撃を受けました。

生徒である就活生を励ましながら、自分でも心折れる毎日。「がんばることに価値があるって思い込んでいたのですね」とみかちゃん。私たちは、がんばらないと価値がないと思うことを「がん価値症候群」と呼びます。がんばったってうまくはいかない。本当は、もっと軽く楽しい方法を選んだほうがうまくいくんです。

当初、みかちゃんは同業者の活躍を見ると、すごく悔しく、うらやましく思ったそう。そして、そういう気持ちを持ってはいけないと思っていたみたい。こうした相談を受けた私は、「悔しいって気持ちは大事だよ。だって、まだ同じ土俵で戦えるって思いがあるということだからね。その気持ちは大切にしていいよ」と伝えました。うまくいっている人の真似をしてもいいんです。いいところは取り入れなくちゃ。

みかちゃんは、気持ちを切り替えて、今までエアラインに特化していた就活アドバイスを、全企業向けに変更。オンライン授業を増やし、全国に顧客を広げていきました。ラインライブやインスタも定期的に配信。就職した教え子たちもPRをして応援してくれました。丁寧でわかりやすいアドバイスと、素敵なキャラクターでファンも急増し、生徒さんも右肩上がりに増えていきました。そして、生徒さんがこの「コロナ」禍の中、次々と希望の就職先に内定が決まっています。

みかちゃんが「がんばるのではなく楽しむんだ」と思った瞬間から、世界が変わったんですね。

小さな出版プロダクションを経営するひろきさんの場合も、「コロナ」禍で心身ともに疲弊していた人のひとり。出したい本が出せず、会社の資金は困窮していました。国の給付金が手に入り、当初はこのお金を会社の維持費に使うつもりでいました。

でも、せっかくいただいたお金、もっと有効に使いたいと考えるように。以前からやりたかった絵本を出版しようと計画。予算はギリギリでしたが、「この絵本を作ることで、子どもたちが明るい気持ちになってほしい。そして自分も楽しいことをしたい」という思いが強かったのです。

損をしないかハラハラしたそうですが、予約を開始してびっくり。計画の4倍の予約があり、作家さんをはじめ会社も儲けを出すことができたそう。

このように、一歩前に踏み出して明るい未来を描くと、光が差してくるんですね。

一人さんは、「困難が起きたら、〝このことがダイヤモンドに変わります〟って思ってごらん」と教えてくれました。

困ったこと、大変な出来事は、ダイヤモンドになるためのステップ。目の前にある難問を、キラキラのダイヤモンドにするかどうかは、あなたの考え次第なのです。

第3章

うまくいけば、イヤな思い出は感謝に変わる

舛岡はなゑ

1

親にされたイヤなことは今、子どもにしない

強制された、拒否された、兄弟と比較された、など親にされてつらかったことを心の傷として持っている人が多いことは、２章でお話しました。

大きな傷ではなくても、親や兄弟に会うと、イヤな思いをしたことを思い出す瞬間はあるものです。幼い頃は、家族といる時間が一番多いのだから、仕方ないことかもしれません。

自分でも子どもに対して、こんなことをしていませんか？　テストの点数を気にして、「もっと勉強しなさい」って怒鳴ったり、友達と比べて「あなたは何で

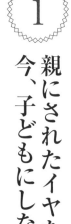

できないの？」と悲しい顔をしたり、お手伝いをしないと「誰が食べさせてあげてるの」と嫌みを言ったり。

イヤな言葉なのに言ってしまうのは、実は自分もそう言われて育ってきたからなのです。親も未熟だし、その親も未熟だったということですね。だからこそ、負の連鎖を今、自分で止めることなんです。

ここで、大事なのは「やられてイヤだったことを自分はしない」という一点だけです。それができれば、世の中、イヤなことは減っていくはずです。

それから、もうひとつお伝えしたいのは、「親にされたことを我慢すると、社会に出ても上司に我慢するようになる」ということ。

親の言いなりになっていると、〝いい子〟過ぎてしまい、反抗もできなくなるんです。反抗できないから、社会に出たら、今度は上司の言いなりになってしまう。間違ったことにも反論できなくなっちゃうんです。

だから必要なことは社会に出る前に、親の言いなりにならない訓練をすることです。「できない」「イヤだ」「やりたくない」をはっきり伝える。反抗期があるのはそのためでもあります。

親がどうしようもなく頑固で、頭ごなしに押さえつけるなら、反抗して言い返すことです。親を説得する必要はないんです。言うことを聞かないことです。それは、悪いことではありません。大切なことなんです。

自分がやりたいことをやり、イヤなことはやらない。自分軸を作るために必要なことです。

2 親子でも、会いたくなければ会わなくてもいい

「いつ結婚するの？って聞かれるので帰省したくない」「嫌みばかり言う母親とは会いたくない」「兄弟で会うと遺産の話ばかりでイヤになる」「悪口しか言わない親戚には会いたくない」こうした気持ちで、親や親戚に会うなら、会いに行かなければいいんです。親だけではありません。姉妹だって、友達だって、会いたくなければ会わなくていいんです。

冠婚葬祭などで出なくてはならない行事があるのなら、あいさつだけしてすぐに帰ればいいだけ。盆や暮れも、「具合が悪いから」「仕事があるから」と何か理

由をつけて帰省しないようにすればいいんです。愛のあるウソは、必要なんです。「あなたに会いたくないから行きたくない」など、本当のことを言う必要はありません。

一緒にいると、イヤな気持ちになるなら、会わないほうがいい。むしろ、会うべきではないんです。

一人さんは、「人って最悪な相性の人と家族になるんだよ。だから、わかりあえないのは当たり前」と教えてくれました。家族関係が悪い人にとっては、確かに最悪の相性に思えるものですよね。

ただし、うまくいかない関係が改善することもあります。私のワーク、「癒しのレッスン」（p66）や「解放ワーク」（p95）をすることで、自分の心が癒されたり、イヤな思いが取り除かれると、自分を大切にするようになります。さらに、自分がしあわせになる方向に意識を向けると、次元が上昇するんです。

すると、観念というサングラスが外れて、今までイヤな人への思いも、変化することがあるんです。イヤな人が急に優しくなったり、イヤな人がやってきてもバリアを張ることができたり、イヤだったことより、良かったことを思い出したり、すごい化学反応が起きるの。特に親への思いは一気に変わることがあります。

子どもは生まれたときは、無条件に親が大好きなのです。どんな親でも、愛しているんです。それがイヤになるということは、何か意味があるのかもしれません。

前出の胎内記憶を持ったミントちゃんが「人は親を選んで生まれてくる」と話してくれましたが、もしかしたらイヤな親とどう向き合うかの学びをしているのかもしれませんね。

人を変えることはできない、変えられるのは自分だけ。

一人さんが教えてくれた言葉のひとつです。

親に何と言われようと、人に何と言われようと、私は私。そのままで素晴らしい存在なのだと、そのままの自分を愛することです。

意識をしあわせなほうへ向けるだけで、世界は変わります。世界が変われば、イヤな人が来ても大丈夫な自分になれるんです。そして、自分を愛して、本当にしあわせになれば、イヤな人が出てこない世界に、住むことができますよ。一人さんや私のように、ね。

3 どんな家族の中でも自分だけは機嫌よくいる

家族の雰囲気が悪いとき、家にいるだけでいたたまれないことがあります。ご主人が仕事でイライラしている、子どもが学校でいじめにあい毎日泣いている、奥さんがブツブツ文句を言う……家はゆっくりくつろぐところなのに、これでは心がすさんでしまいそう。

家族関係をうまくいかせたいなら、答えはシンプル。あなただけは機嫌よくいることなんです。

楽しい言葉を使って、笑顔でいる、家族と一緒になって悪口は言わない。誰に文句を言われてても、好きなことをしていればいいだけ。あなたが明るい波動を出せば、周りも変わっていきます。

いい波動って、ふわふわと天に近い感覚なのです。地球の振動数で言うと、イライラしているときは15ヘルツ、考え事をしているときは13ヘルツなんだそうです。アルファー波が出てリラックスしているときは10ヘルツくらい。そして、ふわふわの振動数が7・8ヘルツ。この振動数になると、ボーっとして、天にぷかぷか浮いているような心穏やかな安心の境地になるんです。一度、この世界に入ってみてください。

そして、このふわふわ気分でいると、自分が大好きになり、自分で自分の機嫌をとれるようにもなります。その上、神様からのひらめきが届くんです。

ルミさんも、自分の機嫌をとることで、問題が解決した経験を持ちます。姉妹でお店を経営するルミさんは、最近お姉さんのユミさんと、小さなことでもめることが多かったそう。ついつい、口調もきつくなっていました。

「まずは、ルミさんがご機嫌で過ごすことだよ。ユミさんと話すときは、笑顔で明るく話してみて。ユミさんが嫌みなことを言っても、気にせず、自分だけはふわふわ楽しくね」と伝えました。

翌日、これを実行したルミさんは、ユミさんの態度に驚きます。楽しく仕事をしたことで、あんなに口うるさかったユミさんが文句ひとつ言わなかったのです。

そして、「今までひどいことばかり言ってごめんね」とユミさんのほうから謝ってきたそう。それをきっかけに、仕事の役割や今後の方針を話し合うことに。仕事面でも前向きな話に発展しました。

自分がご機嫌でいると、相手も機嫌がよくなり、関係性も変わってくるものなのです。

特に、お母さんは、明るくいてほしいもの。家にいるお母さんがいつもご機嫌でいると、子どもは安心するし、心が落ち着きます。お母さんが明るい波動を出していると、不機嫌な子どもがいても、家は暗くならないものです。というより、お母さんが機嫌がいいといずれ子どもも明るく変わります。

ホント、お母さんって、太陽なんですね。

誰かひとりが素晴らしい波動を持っていると、周りにも伝染して明るい波動が伝わります。すごいパワーなんです。

もし、いい波動が感じられないという人がいたら、私たち「まるかん」の仲間のお店や、お茶会やクラブハウスに遊びに来てください。ふわふわと楽しい波動を感じることができれば、イヤな出来事はすぐにダイヤモンドに変わりますよ。

4

はなゑ流、我慢を取り払う「解放ワーク」

最近の私の講演会では、ワークとして「はなゑ流の解放ワーク」を取り入れています。叫ぶだけで、インナーチャイルド（p66）やストレス、我慢を即座に、解消することができるんです。

ただただ、溜めていた我慢や鬱憤《うっぷん》を声に出して吐き出すだけ。できれば大声で、笑いながら、イヤな人に向けての文句を言えばいいのです。

「くそババ～うるさい～」

「課長のバカヤロ～！　イヤな仕事を押し付けるな」

「なんでわからないんだ、くそジジ〜」

「意地悪なお姉ちゃんなんて、いらない！」

「ふざけるな〜」

「自由にさせてくれよ〜」

このように、とにかく、イヤな人やイヤなことに向けて、今の思いを叫ぶんです！

講演会のワークでは、大音量の音楽の中、参加者はマイクを持って、言いたいことを絶叫しています。みんなすごい勢いで、ここぞとばかりに鬱憤《うっぷん》を叫んでいます（笑）。これがめっちゃ、気持ちいいそうです。

そして最後に

「自分、大好き」

「自分、最高！」

「自分、ゆるしまくり」

このように、大声で叫んで、自分を愛するんです。魂が喜んで、涙を流す人がたくさんいます。

明るく、楽しく心の大掃除をすることで、みんな不思議なことに、終わった後、スッキリした笑顔に。イヤな気が祓《はら》われて、波動が良くなるんだと思います。体験した人の中には、生まれたときのワクワクした気持ちを思い出したり、天へ帰るときのふわふわと癒された気持ちになったりします。

この「解放ワーク」に関して、「グチや不満を言って大丈夫ですか？」「イヤなことを引き寄せないですか？」と質問されることもあるのですが、講演会では大安心の波動の中で、楽しい雰囲気でやっているので、心配はいりません。それに、「叫ぶ」ことは心の大掃除。モヤモヤを消すことで、心がキレイに浄化され、魂が向上していくんです。

5章では、この「解放ワーク」を行って、心が変化した人たちを紹介していま す。みんな、自分を解放したことで、次々とうまくいっています。

私の講演会に参加できなくても、自分の環境で、叫ぶことはできますよ。海でも山でも、森でも、人けのない場所なら、大声で叫ぶことは可能です。カラオケルームを利用したり、車の中で叫ぶのもいいですね。また、クッションを投げて発散するのもひとつの方法です。

イライラ、ムズムズしてきたら、いっぱい叫んで、心をリセットする。我慢をしなくなり、人を恨むことなどなくなります。

5 我慢をやめて、自分に寄り添うと、原因不明の病も治る

最近、私の周りには片頭痛で悩んでいる人がなぜか多いのです。しかも、原因不明で、病院に行ってもいっこうに治らないという人ばかり。

そこで、ちょっと病気の話をしますね。「病《やまい》は気から」というけれど、自分の気持ちに寄り添うと、病がなくなってしまうという例を私はたくさん見てきました。

そして、そのたび、一人さんに病の原因を教えてもらってきました。この場を借りて皆さんとシェアしたいと思います。

まず、原因不明の片頭痛は、目上の人から抑圧されている人が多いんです。親とか、上司とか、先生とか、自分より立場が上の人に我慢しているんですね。そういう人って、上司や先生がイヤなのに、「イヤだと思ってはいけない」って思っているんです。

ここに問題があるわけで、本当は「イヤだ」って思っていいのです。「わかるよ、あの人イヤだよね。つらいよね」って、自分に寄り添ってあげるといいんです。

これが最大の治療方法です。気持ちに素直になると、頭が痛いのも一気に消えていくんです。

私の講演会にいらした方で、右の腕に包帯をしている女性がいました。聞けば、腱鞘炎《けんしょうえん》とのこと。職業を聞くと、会社の社長さんのよう。そこで「もしかしたら、部下の女性でイヤだな、困ったなっていう人いる?」と聞くと、「あっ、確かにいます!」。彼女は、まさに部下の女性にてこずっていたのです。そこで、「部下のことをイヤだって思っていいし、それは悪いことではないよ」と伝えました。自分のハートに逆らって、イヤだっていう気持ちを抑えてはダメなんです。

「本当にむかつく!」そう思う自分の気持ちをゆるせばいいんです。なんと、彼女は自分をゆるした瞬間、痛みが和らいだのです。そして、手術するしか治らないと言われていた痛みが、何事もなかったように消えたんです。すごいでしょ?

ちなみに、手の痛みが治らないというのは「手先の人」、つまり部下や目下の人に対して、イヤな思いを持って我慢しているということです。そして、右側の病は女性が原因、左側は男性が原因の場合が多いのです。

もう一つ例を挙げますね。

あるバスツアーで、左耳が聞こえないという方と、隣同士になったことがあります。彼女はしばらく前から、左耳が聞こえなくなったそう。原因がわからず困っていました。そこで「間違っていたらごめんね、誰か男の人で、口うるさい人がいて、悩んでいない？」と聞くと、「なんでわかったんですか？」と驚かれたんです。私は彼女に、「あなたがその人の話を聞きたくないから、耳が聞こえなくなったのかもしれないよ。その人の話なんか、まともに聞かなくていいんだよ」と伝えました。

彼女がすべきなのは、イヤな人の話を聞かないこと。「イヤだからやめて」と言ってもいいし、「うるさいな」って思ってもいい、その人から逃げてもいいんです。方法はいろいろあります。とにかく、「うぁ、また始まった、聞きたくないな」などイヤな人に対しての受け取り方を心の思うがままに、変えることなのです。

この話をしただけで、なんと彼女の耳が聞こえるようになったんです。
みんなの間違いは、目上の人から教わった「常識」によって、自分が悪くもないのに反省してしまうこと。

目上の人は大切にすべきですが、納得できないのに従うことはありません。イヤなことを無理してやると、体に出てしまうことがあるんです。

「イヤなことはイヤだ」と自分のハートをストレートに受け止めること。目上だからとか、親だからとか、部下だからとか関係ないんです。それがわかると、病気も治ることがあるのです。体がイヤだと訴えていることに気づいてあげてください。自分の本当の思いをわかってあげることが大切です。

「気持ちが痛みに出る」というのは、子どもでも同様です。特に、子どもは自分の気持ちをうまく伝えられない分、体に顕著に出ることがあります。学校に行きたくなくて、おなかが痛くなったり、ぜんそくになったりするのも一例と言えますね。

もちろん、すべての人に当てはまるわけではありません。病院で診てもらって、原因がある人は、きちんと治療する必要があります。

ただ、原因がわからない、治療をしても治らないという場合は、一度自分の気持ちに寄り添ってみてください。何か我慢をしているのかもしれませんよ。

6 今、うまくいけば イヤなことは感謝に変わる

人って、何かうまくいかないことがあると、誰かのせいにしたくなっちゃうものです。その原因がはっきりしないときは、どうしても親や身近な人に対して、不満に思う傾向があります。

つらいとき優しくしてもらえなかったとか、忙しくしているときに手伝ってくれなかったとか、小さいとき経済的に苦労したとかね。そんな思いが、ときどき心の中で顔を出したりするものです。

だけど、うまくいっちゃえば、そんなことは、すべて忘れてしまうのです。逆に、苦労したことやイヤなこともありがたく思えてきます。

だから、まずは自分がうまくいくことなんです。うまくいきさえすれば、「親のおかげで、こんな自分になれた」って思えるようになります。不思議なのですが、気持ちが180度変わってしまうんです。

では、ここで税理士のしんいちさんの話をしましょう。しんいちさんの父親は職人で、雨が降ったら仕事はなく、家計は常に苦しい状態でした。さらに、父親はお酒を飲み過ぎ、アルコール中毒に。母親に暴力を振るうようにもなりました。

高校2年生まで勉強どころではありませんでした。ただ、進路を考えたとき、父親の姿を見て「親父と同じにはなりたくない」と改めて思ったそう。高校3年で猛勉強をし、働きながら通える大学へ入学しました。家を出て独り立ちし、さらに勉強を重ね、税理士になったのです。

「親父のようになりたくないから、必死に勉強することができたんです。もちろん、働きながら学校へ通うのは大変だったけど、自分のやりたい道を自分で決められたのは、家庭環境のおかげ。そう考えると、親父に感謝です」

自分がやりたいと思った税理士として、仕事もプライベートも充実しているしんいちさん。今がしあわせだから、親にも感謝できるんですよね。

今、うまくいっていれば、今、楽しく暮らしていれば、今、しあわせな気分でいるならば、イヤな思い出も、不思議と「ダイヤモンド」に変わっちゃうのです。

ただし、うまくいくためには、苦労も辛抱もいりませんよ。何度も言いますが、今は「ふわふわ」の時代。「楽しくて、軽くなる考え方」と、いい波動さえあれば、

絶対うまくいきます。

それから、もう一点、今うまくいっているなら、「これからは、今以上にうまくいく」って思ってください。「こんなにしあわせで、大丈夫かな?」「しあわせ過ぎて怖い」などと決して言わないでくださいね。

「しあわせはいつまでも続く」「もっともっとしあわせになる」「しあわせは加速する」そう思うことが、しあわせを持続させる秘訣なのです。

第4章

心配は無用、ただ子どもを信じるだけ

舛岡はなゑ

1 どんなに小さくても子ども扱いしない

私の講演会では、ママに連れられた小さな子どもたちも参加してくれます。講演が終わり、一息つくと、なぜか私の周りは子どもたちでいっぱいになるんです。そして、ちょっと話しかけると、楽しいことや嬉しいこと、そしてイヤな出来事や親の文句まで、堰《せき》を切ったように話してくれるんです。

私は結婚をしていないですし、子どももいないので、子どもの扱いに慣れているというわけではありません。なのに、幼児から思春期の子まで、私のそばに集まってきちゃうんです。不思議に思っていましたが、スタッフから「はなゑさんは、子どもを子ども扱いしないから、人気あるんですよ」って言われて、納得しました。確かに、私は子どもを〝何もわからない子ども〟として見ていません。

小さくても立派な魂だと思っているので、常に大人のように、いろいろわかっていると思って、接しています。だから、子どもたちは心をオープンにしてくれているのかもしれません。

赤ちゃんでも、話しかけることで思いは伝わります。黙っておむつを替えるより、「おむつが濡れて気持ち悪かったね」「早くすっきりしようね」と話しかけると、赤ちゃんにもお母さんの愛がきちんと伝わるのだそうですよ。これは、胎内記憶を持つミントちゃん（p57）が教えてくれました。

幼児期でも同様です。きちんと、向き合えば子どももいつもとは違う対応をしてくれます。

おもちゃが欲しいとギャーギャー騒いでいる子どもに、「家にいっぱいおもちゃあるでしょ！」とか「おもちゃを買うなんて約束してないよね」と、半分怒り気味に話すお母さんがいますよね。こういうとき、お母さんが興奮しては本末転倒。ゆっくり、冷静に話してみてください。「このおもちゃが欲しかったんだね。でも、今日は買う日ではないから今度ね」「今はお金がないから、次に来たときに買おうね」と、買えない理由をわかりやすく教えてあげてください。

頭ごなしに怒るから、子どもも頭にきちゃうんです。きちんと説明すれば、子どもも理解してくれるんです。

てこずる子どもがいたら、適当にごまかそうとせず、子どもと向き合ってみること。子ども扱いせずに、理解しやすい言葉で大人と同じように接することが大事なんです。子どもはお母さんが大好きなんです。愛で接すれば、必ずわかってくれるはず。

今の子どもは親世代の子どもとは違います。後から生まれてくる子は、生まれる前の世界で学んできているので、魂的には上なのです。自分をきちんと大事にできるし、自分の思いを表現できます。親によってコントロールされることはよくない、人は「ありのままの自分」でいることがしあわせだ、ということもわかって、生まれてきています。

親だけでなく、周りの大人すべてが、それがわかると、しあわせな子どもたちが増えるはず。そして、その子どもたちが大人になってくると、世間の常識が、「正しいより楽しい」「そのままでいい」に変わっていくと思います。

2 好きなことをやらせて、イヤだと言ったらすぐやめさせる

子どもって、好きなことなら何時間でも集中してやるんです。積み木でも、パズルでも、ゲームでも。好きなことがあるなら、止めないで、好きなだけやらせてほしいって思います。「いつまでやっているの！」とか「好きなことばかりやっていないで、勉強してよね」なんて言わないでください。

夢中になることがあるって、本当に素敵なこと。それを邪魔してほしくないんです。

そしてね、ここが大事なんですが、それに飽きたら、次の好きなことをやらせ

てあげてください。

人間、飽きる生き物なので、それでいいんです。これはわがままではないんですよ。小さいときから、「逃げ場があるよ」ってことを教えてあげることは大事なんです。3歳くらいになれば、そういうメッセージも理解できるようになると思います。

子どもが「サッカーをやってみたい」と言って実際に習ってみたら、「自分には合わないかもしれない」ってことはよくあるんです。でも、「やってみたけどやりたくない」って親に伝えると、親は必ず「せっかくやり始めたんだから」「払った月謝がもったいない」とか言うんです。

でもね、自分はサッカーに向かないということを知れただけで、すごいことなんです。それがわかっただけで、偉いと思うの。

「今はやりたくないんだね。だったら、やめていいよ」って言ってあげてほしいのです。

勉強だって、習いごとだって、子どもがイヤがっているものを無理にさせちゃいけないんです。行きたくないんだったら、すぐにやめさせてあげればいいんです。

そして、時間が経って行きたくなったら、そのときは改めて通わせてあげてください。

親はね、なるべく子どもの気持ちを尊重してほしいんです。

子どもが、プロになりたいという場合も、「プロの道は厳しいぞ、がんばれるのか？」「プロになるまで、途中でやめるなよ」なんて余計なことは言わないで、「やめたい」って言うまで愛を持って、見守ってあげてほしいと思います。

一人さんと一緒にいるときに、ゴルファーになりたいという中学生の女の子に会ったことがあります。「どうすればプロゴルファーになれますか?」と、その少女は一人さんに質問しました。どうすればなれるんだろう? と私も一人さんの答えをワクワクして待っていたんです。すると、ひと言

「ゴルフを好きでいること。嫌いになるほどは、練習しないことだね」との答えが返ってきました。

プロの道は、険しくて、挫折することも、やめたいこともあると思います。でも、嫌いにならなければ、また続けることができるんですね。親がすることは、子どもがしたいことを見守るだけでいいんです。

ちなみに、この少女は本当にプロゴルファーになりました。

〝好きでいる〟ということは、ゴルファーに限らず、野球選手でも、ミュージシャ

ンでも同じこと。たとえ、プロにはなれなくても、嫌いでなければ、違った形で、好きなことに関わることもできますよね。トレーナーになるとか、コーチになるとか。職業でなくても、趣味で楽しく続けることもできます。また、人生にとって大切な人物と出会うこともあります。

「やり始めたらやり通さなきゃいけない」なんてウソです。

「好きなことは夢中でやる、でもイヤになったらやめてもいい。またやりたくなったら、やればいい」が正解です。自分の気持ちに正直に、「そのまま」でいいのです。

3 親が遊べば子どもは自由に楽しめる

思春期になると、子どもは親への態度が急に変わってくるものです。今まで学校のことは何でも話していた子が、まったく話さなくなったり、親の言うことにいちいち反抗したり。学校へ行きたくないとひきこもるのも、この時期からが多いようです。

でも、反抗期は大切な成長の通過点。今まで親の言うことを聞いてきたけれど、何か矛盾を感じ始めて、一度、言われたことを否定するんです。育ってきた概念を壊していく。そして、親から受け継いだいいところを残しながら、自分を再構築していく。これが反抗期なのです。

巻頭の対談でも一人さんが話していましたが、お母さんが遊びに行けば問題は解決するんです。子どもが思春期でなくてももちろんいいのですが、特に思春期には、親が外に出たほうが子どもは喜ぶんです。見張る人がいないから、子どもは家の中でラクにいられるんですよね。ほとんどの親は、構い過ぎなので、遊びに出かけてもらってちょうどいいのです。

「お母さんは遊ぶこと。もっと好きなことをしていいんだよ」と講演会で話すと、みなさん初めは「そんなことは無理」「旦那が文句を言いそう」と言っていました。でも、一度、外へ出てみると、解放感にびっくりするのです。自分も楽しいし、子どももご機嫌でいてくれることに気づきます。ケーキと紅茶を飲みにカフェに行くとか、好きな映画を見るとか、友達を誘って少し贅沢なランチをするとか、そんなところから始めればいいんです。

もちろん、毎日遊び歩くわけではないですよ。少しの時間でも好きなことをしていると、心も安定して、家事や育児もつらくなくなるんです。「遊んだ後は、子どもや旦那に優しくなれるんです」。そう報告してくれる人がいっぱいいます。

ナツさんも、遊ぶことでつらい状況から抜け出すことができたお母さんのひとりです。ナツさんには、自閉症のヨッシー君という息子さんがいます。ヨッシー君は、小学校の高学年からいじめにあうようになりました。このことから、ひきこもりになり、中学に入ると、家族に暴力まで振るうようになりました。暴れないように、機嫌を損ねないように、家族みんながヨッシー君に対して腫れ物にでもさわるように過ごしました。

事情を聞いた私は、ナツさんにこうアドバイスしたんです。「ずっと家にいると、ヨッシー君からしたら見張られてるように感じるものだよ。それをやめるために、とにかくナツさんが外へ出て、楽しく遊んでみてほしいの」

親が常に家にいると、子どもにとってはプレッシャーに感じるものなんです。特にひきこもりの子の場合、外に出ることで、「あなたを信じてるよ」というサインになるんです。

私の言葉を素直に信じたナツさんは、すぐに外へ遊びに出かけることにしました。そのときは、お金に余裕もなかったので、デパートでウィンドウショッピングをしたり、ファミリーレストランへ行って数時間過ごしたりしていたそうです。それでも、ナツさんは家のことを忘れて、自分の時間を楽しんだことで、心が軽くなったそう。家に帰っても、暗い顔を見せず、家族にも優しく接することができるようになったんです。明るい波動って家族にも伝わるんですね。徐々に家が明るく感じられるようになりました。

イキイキ過ごすナツさんに触れて、少しずつですが、ヨッシー君にも変化が現れ始めます。外に出て、日の光を浴びるように。そして、なんと自分で探してアルバイトも始めました。ひきこもっているときは、昼夜逆転の乱れた生活でしたが、毎朝きちんと起きて、仕事へ行くようにまでなるのです。暴言を吐いたり、暴力をふるうことも一切なくなりました。子どもの頃の優しいヨッシー君が戻ってきたんです。19歳になった今、自分で決めて通信制の高校に入学し、来年は卒業予定です。今は、正社員を目指して働いています。

外へ出る楽しさを知ったナツさんも、今は働いて、自分で働いたお金で遊ぶことができています。好きな服も自由に買えるようになったと報告してくれました。

子どもを信じて、認める。そしてほっておく。それだけで、子どもはまっすぐ生きるものなのです。そのためには、親が人生を楽しむこと。もっと大きな愛情で包んでみることなのです。

親の役目は、「人生とは楽しいものだ」と教えること。一度試してみてください。すごい奇跡が起こりますよ。

4 愛してほっとく「愛ほっと」

今の時代、兄弟が少なく、親の目が届く分、構い過ぎたり、過干渉になっているのではないかと思います。

子どもに苦労させたくない。できるだけ失敗しないように親がサポートしてあげたい……多くの親がそう思っています。これは子どもに対する愛情ではありません。過干渉は子どもが「今のままでは私はダメなんだ」と自信をなくすことになるのです。

前ページで書いたように、うるさい親なら家にいないほうが子どもにとっては楽しいのです。もちろん、うるさくなくて、たくさん甘えさせてくれる親がいれば、子どもたちはうれしいのですが、あまりいませんよね（笑）。

楽しい環境を作ってあげるのも愛。また、干渉するのではなく、見守ってあげて、「助けてほしい」と言ってきたら、手を差し伸べる。これも愛です。

愛して、ほっとくことを「愛ほっと」と言いますが、今の子育てにはこれが一番大事なんです。

私の仕事仲間のひとり、３人の子どもを育てながら、楽しく働くりんちゃんの話をしましょう。

りんちゃんは、とっても自由な家に育ちます。両親は共働きで、お母さんは朝早くから仕事に出て、夜も遅くに帰ってきます。でも、それが、子どもたちには居心地よかったのです。「何時までテレビ見てるの」「夜遅くまで起きてちゃダメ」

とか言われることなく、学校から帰っても自由に自分の時間を楽しめました。親に気遣うことなく、そのとき好きだと思うことに熱中できました。普通ならば寂しいという状況も「自由でしあわせ！」と感じることができたそうです。

中学の頃、お母さんはお弁当を作らない代わりに、毎日500円を渡してくれていました。友達の色とりどりのお弁当より、現金のほうが嬉しかったと言うりんちゃん。この500円をどう節約したらお金が貯まるのかを考えるのが楽しかったみたい。自分で料理をしたり、安いパンを探したりしてお金を貯め、そのお金で大好きな洋服やマンガを買ったそう。こうやって、経済観念も養われたんです。

もちろん、お母さんは必要なときはりんちゃんをフォローしてくれて、何かあるごとにいい相談相手になってくれていました。また、りんちゃんが「コレお願い」と頼んだことは、必ずやってくれたのだそう。だから、できないことは「他人に頼む」という知恵も身につきました。「何をするのも文句を言わず、信じてくれていたのが嬉しかった」と、りんちゃんは言っていました。

この「愛ほっと」のおかげで、りんちゃんは自分で考え、自分で行動する力が身についたのです。アメリカへ留学したり、放浪の旅に出たり、いろんな経験をしたりんちゃんは、今では個人経営者に。お客様にも大人気で、りんちゃんのファンがたくさんいます。りんちゃんの例は特別かもしれません。でも、ほっておいたほうが自由にもなるし、実力もつくというのは、事実なんです。

子どもの日頃の様子は見守るけど、余計な干渉はしない。口を出さず、イヤな顔をしない。そして、「信じてるよ」って言ってあげる。それだけで、子どもは安心するんです。自分は「このままでいいんだ」と自信を持つことができます。

親も自由で、子も自由。こういう子育てができれば、大人になってもいい親子関係を続けることができるのではないでしょうか。

5 ふいに大金を与えると金銭感覚が身につく

最後に、一人さんから教わった「お金の英才教育」をお教えしますね。

子どもって、お金をもらうためには、「お小遣いでもらう」「誕生日やお年玉でもらう」「お手伝いでもらう」、この3つの方法しかないんです。

特に、「お手伝い」って、働くってことですよね。皿洗いをしたり、掃除機をかけたり、肩もみをしたりして、お駄賃として100円とか、200円とかをもらう。これはこれでいいんです。でも、実はこれだけでは、お金の英才教育にならないんです。

では、どうすればいいのか？

〝何の脈略もなく、突然1万円あげたりする〟。**これなんです！　大人でいう不労所得ですね。**一人さんって、すごいことを考えるでしょ？

突然、大金をもらったら、子どもは、「何で今日お金をくれるんだ？」って思っちゃう。でも、現金を手にすると、「自分ってなんてツイてるの、ラッキー！」って思うんです。

そして「ここの家に生まれただけでお金がもらえる！」って、脳が喜んで臨時収入を受け入れるようになるんです。

これを実践した人がいます。看護師のアイさんは、一人さんのこの話を聞いて、中学生2人の子どもに2万円ずつのお金を渡してみたんです。「これ、臨時収入ね。楽しく使ってみてね」と、ニコニコしながら手渡しました。もちろん、突然なので、子どもたちはびっくり。初めは「なんか魂胆があるんじゃない？」と疑われる始末。

でも、「たまには、臨時収入があると楽しいでしょ」と言うと、すっごく喜んで、その日一日、何を買うかウキウキしていたそう。子どもたちは上機嫌で、家の中も明るく楽しい波動が出ていた、と話していました。

この話には、後日談があります。そのあとアイさんにも臨時収入があったのです。なんと、叔母さんから生前遺産200万円をいただけることに。「こんな臨時収入があるなんて、驚きでした。ウキウキする子どもたちの気持ちが、私もすっごくわかりました」。子どもだけでなく、アイさんも「お金の英才教育」を実感できたのです。

これで「お金の英才教育」の話は終わりではありません。

人って、自分が突然の臨時収入、つまり不労所得をもらったことがないと、他人のいいことに素直に喜べないんです。遺産が手に入った人とか、株でもうけたとか、競馬で大金が手に入ったとか、そういったうまくいっている人を妬んでしまうの。

だけど、自分にも素敵な臨時収入があれば、人をうらやむことはなく、「ああ、あの人にもいいことがあったんだ。そして私だっていいことがある」って思えちゃうんです。

「お金周りが悪いんです」って言う人は、どこかで人のことを恨んだり妬んだりしているのかもしれません。でもね、それは、お金ではなく、他人に偏見があるんです。

だから、他人にいいことがあったとき、「よかったね！」って言える人になってみてください。「いいことがあってよかったね」って言えると、こちらももらう準備ができてますよ！というサインになるんです。

お金に関係なく、身近な人にいいことがあったら、「よかったね」「素晴らしいね」「ツイてるね」って、言ってあげること。そうすれば、自分にもいいことがやってきます。

もう一度言いますね。親御さんは年に一度でいいので、子どもたちに特別な日ではないときに、不意に1万円くらいの臨時収入をあげてみてください。お子さんの人生が、お金と仲良しになりますよ。

第5章

心が変化し、うまくいくようになった5人の体験談

自分を愛することで、過去のトラウマから解放される

体験談①

理髪店経営／せいちゃん

過去に起きたことを、ずっと根に持って生きてはいませんか？ 思い込みって、本当に恐ろしいものなんです。なぜかというと、イヤだったことだけがクローズアップされるから。イヤだったことから、自分を解放してあげると、違う自分が見えてくるものです。

理髪店を経営するせいちゃんも、過去のトラウマに悩まされていました。自分は両親に愛されていなかったという思いにとらわれ、その思いが消えないのです。

「自分より妹を可愛がって自分を構ってくれなかった。何かをきっかけに、それが思い出されるのです」

幼い頃、妹と比べられたり、えこひいきをされたこと。また、喧嘩したとき、自分だけが怒られたこともあります。さらに、言いたいことを言おうとして、言葉を遮られた経験も思い出されるのです。

家族で仲良く買い物をする光景、お父さんと息子がキャッチボールをする姿、そういう日常を見るたびに、イヤな思いがフツフツとわいてきます。

人の「思い」って不思議なんです。前の「思い」が、今の「思い」を引き出させるのです。たとえば、テレビでも楽しい番組のチャンネルをつければ楽しい気分になるもの、逆に怖い番組のチャンネルをつけると、怖い思いになるものです。

それと同じで、可愛がられない自分を思い出すと、可愛がられない自分がドンドン出てきちゃうんです。そしてね、可愛がられないと思うと、その頃の「思い」が出てきて、何もないのにイライラして自分を抑えきれなくなっちゃう。

これって、年齢に関係ないんです。いくつになっても、そういう思いが出てくるんです。

「思い」を変えるだけで、過去さえも変えることができる

モヤモヤが消えないせいちゃんに、私は「解放ワーク」（p95）を教えました。「くそジジ～」「さみしかったんだよ！」って叫んでごらんって。この思いは、本人に伝えなくていいんです。誰もいないところで叫んで、思いを吐き出すことが一番なんです。

さらに、せいちゃんには、2章（p66）で書いたインナーチャイルドを癒す「癒しのレッスン」で、子どもの頃の自分を自分で癒してあげるように勧めました。

せいちゃんは、気持ちを吐き出し、心を癒したことで、自分を認めることができるようになりました。嫌いだった自分を好きになり、愛おしく思えるようになったのです。自分を愛することができるようになった結果、どうなったと思います？　なんと、大嫌いだったお父さんが別人のように変わってきたんです！

「いや～、オヤジが急に優しくなって、オレを頼るようになったんです。病院の送り迎えは、オレじゃなきゃダメって言うようになって。本当にびっくりでしょ？」とせいちゃん。

何かあると、妹ではなく、せいちゃんを呼ぶようになったのです。それが、せいちゃ

んにとって嬉しかったんですね。自分が求められていると思うと、せいちゃんの記憶も変わってきます。自分が愛されていた幼い頃の思い出がよみがえってきたのです。

小さい頃、お父さんは時間をかけて毎回髪の毛をセットしてくれたこと。中学生のとき、ギターがやりたいと言ったら、黙って新品のギターを買ってきてくれたこと。いろんなことをやらせてくれた、愛のあるお父さんだったんです。

「愛されている」というチャンネルに合わせたことで、「愛された」ことが次々に思い出されてきたんですね。それがわかると、せいちゃんの気持ちも大きく変わっていきます。お父さんを大好きになり、今までの自分をゆるせるように。

自分が愛されていることを、確信したせいちゃん。自分を認め、さらに自分を愛することができるようになりました。「思い」を変えるだけで、過去さえも変えることができるのです。これは一人さんの教え通りなんです。

体験談②

過去の自分を癒すことで、自分を楽しめることに成功

歌手・主婦／まりさん

自分の夢を子どもに押し付けたり、自分の仕事を無理に継がせようとするのは、子どもにとって苦痛なだけ。親が期待をかけ過ぎると、子どもが萎縮してしまうこともあるのです。お稽古事でも、勉強でも、子どもがつらくなるまでやらせてはいけない。そんなつらい青春時代を過ごした、まりさんの体験をお話しします。

まりさんのお母さんは、音楽が好きで、まりさんが生まれたときからピアノがありました。まりさんにとってピアノはおもちゃのひとつ。ポンポンと鍵盤を鳴らすだけで、

楽しい思いがいっぱいでした。見よう見真似で鍵盤を弾き、3歳のときには、自分で簡単な曲を作れるほどに。まりさんにとって、ピアノは素敵な友達だったのです。

お母さんは、ピアノを基礎から学んでもらいたいと、まりさんが4歳のときピアノ教室に通わせます。ここから、つらいピアノ修行が始まります。

それまでのまりさんは、いつも上機嫌でニコニコしていた子だったのに、4歳になった途端、性格が変わってしまったのです。

習う前からピアノに触れていたまりさんは、音感もよく、誰より早く曲を自分のものにしました。さらに、子どもでは難しい譜面も難なく読むことができました。これに、お母さんも先生も「将来素晴らしい音楽家になる」と期待をしました。

まりさんはというと、レッスンが始まってからは苦痛でした。面白くない曲を習い、自由に楽しく鍵盤をたたくことはできません。

そして、まりさんは小学生に。入学したのは、なんと音楽大学の付属小学校。病弱のまりさんに、より近い学校に通わせたいと両親が選んだのが、偶然にもこの小学校だったのです。

音楽大学の付属小学校に入ることで、さらに音楽漬けの毎日を送ることになります。ピアノも歌も大好きなまりさんでしたが、「親にやらせられている」という思いは常にありました。

高学年になるにつれ、生活はピアノ中心に。「～ちゃんは3時間も練習しているのに、あなたはどうなの？」とお母さんに言われたり、「平日は2時間、休日は5時間ピアノを弾きなさい」「手を怪我しないように遊ぶときは気を付けなさい」と先生に釘を刺されたりします。

ある日、旅行に行くことになり、まりさんはすごく解放された気分になりました。「しばらくはピアノの練習をしなくてすむんだ！」ワクワクして旅に出たのですが、なんと旅館にはピアノがあり、ここでも練習することに。このときばかりは、ピアノから逃げられないと感じて、悲しい気持ちになりました。

思春期になり、この思いがどんどん強くなっていきます。お母さんからのプレッシャーで、どうしていいかわからない、自分が何をしたいのかもわからなくなります。「どうしてわかってくれないの！」と部屋で叫んだこともあるそう。

高校ではピアノ科へ行くものの、レベルはかなり高くなります。周りと比べてできないことに落ち込むことも。そして、だんだん「自分はダメだ」「なんでできないの」と自分を卑下するようになります。まじめにがんばってきたぶん、つらかったんですね。大好きなピアノがだんだん苦痛になってきます。

しあわせということが何なのか、ということもわからなくなってきます。誰かに認めてもらいたい、わかってもらいたいと心が叫んでいたのです。まりさんは、何よりお母さんに認めてほしかったんですね。

そして、〝努力をしないと、しあわせになれない〟と勝手に思い込んでいたのです。

過去と自分の融合から、母の言動も理解できるように

大学は、ピアノ科ではなく、リトミックや歌を教える学部に入学。ここで、苦しいピアノとの戦いを終え、やっと自分らしい音楽の楽しみ方を得られるようになります。卒業し、音楽関係の仕事に就いたあと、結婚。3人の息子たちの母親になりました。

ただ、お母さんとのトラウマから逃れることができませんでした。子育てする中、ふ

と自分も実母と同じようなことをしていないか、息子たちに余分な期待をしていないか、不安になるのです。

そう思うと、どう子どもに接していけばいいかわからなくなります。心が落ち着かなくて、モヤモヤしたり、イライラして子どもに当たることもありました。そんなとき、一人さんを知るのです。

そして、一人さんを通して、私の講演会に来てくれるように。ここで、はなゑ流のインナーチャイルドを癒す「癒しのレッスン」（p66）を体験します。

「はじめは3歳の自分が出てきたんです。すると、ぴょんぴょんはねて走り回り、きゃっきゃっと無邪気に遊ぶ私が出てきます。『大丈夫だよ』って声をかけて、大人の私は3歳の私を抱きしめました。なぜか、心が安らいで熱い涙がこぼれたんです。このことがあって、私は自分のことをゆるせるように。そして同時に、人生っておもしろいかもって思えるようになったんです」

半年後、自宅でぼーっと目をつぶっていたとき、いきなり3歳の自分が現れたそう。

「3歳の私がピアノを弾いているんです。そばでニコニコ笑う母が出てきて、なんか嬉しい気持ちになりました。すぐに、シーンが変わって、今度は練習のときによく着ていたコート姿でピアノに向かっている私がいました。とてもつらい思いをしていた頃で、すごく悲しそうでした。９歳の私をギュッと抱きしめ、『そのまま好きなことをしていいんだよ、よくがんばったね』と声をかけました。すると、そのときモヤモヤした気持ちが一気に消えて、このままでいいんだって感じたんです」

過去と今の自分との融合ですね。過去の自分を癒したことで、まりさんの張りつめた心も緩まっていきました。

さらに、あんなにイヤだったお母さんの言動のわけがわかるようになったのです。お母さんは、子どもをきちんと育てようと必死だった。厳しいことばかりを要求したのは、自分のためだったと気づいたのです。もちろん、されたことはまりさんにとってつらい経験でしたが、本当は母の愛だったのです。愛されたことだけを受け取れるようになりました。思えば、お母さんも自分の母親に、同じように育てられたのです。世間から「正しい」と言われるような育て方しかできなかったのですね。

代々の因果をまりさんが、断ち切った、それだけで素晴らしいことですね。

母の愛を感じたまりさんは、わだかまりもなくなり、お母さんとの関係もすごくよくなりました。この経験から、自分の子どもに対しての接し方も変わりました。

「私自身、知らず知らずのうちに子どもたちに口うるさくしたり、強要したり、束縛したりしていたみたい。インナーチャイルドを癒してから、子どもを信じて、あるがままを愛そうと思えるようになりました」

自分を楽しめるようになったまりさんは、ピアノを弾き、歌うことを再開。なんとCDを発売するまでになりました。

一人さんの詩に曲をつけ歌にしたこのCDは、一人さんファンに大好評で、増産するほどに。透き通るような美しい歌声が、多くの人の心を癒しています。


人から見て正しいことは、決して神様が喜ぶしあわせなことではないんです。「正しいこと」より「楽しいこと」を選ぶ。これが一人さんの考え。親が何と言おうと、何か迷ったときは、「楽しい」ほうを選んでほしい、これが私の願いです。

体験談③

子どもの意志を尊重することで、自分で行動できる人間に成長

会社員／ゆきえさん

今、学校へ行きたくないと主張する子どもが増えています。そして、無理に行かせないという選択をする親が増えているのも事実です。

学校に行かなくても、ネット環境が良くなったことで、勉強はできます。また、勉強をしなくても社会へ出る方法はたくさんあります。「イヤなら逃げていい」のです。一人さんの考え方が、やっと浸透してきたのだと感じています。

ここで、学校へ行かないと選択した、素敵な親子を紹介しましょう。

今、えなちゃんは小学校6年生。4年前から不登校になり、今も学校へは行っていません。でも、ゆきえさんや周りの人たちの愛に包まれ、毎日楽しく過ごしています。好きな時間に起き、好きなときに自分でご飯を食べ、大好きなゲームをして1日過ごすのだそう。それを見て、ゆきえさんは心から安心して、しあわせに感じるそうです。

えなちゃんは、沖縄生まれ。沖縄のオープンな環境の中、えなちゃんはのびのびと育ちます。ゆきえさんは、子どもを異国文化に触れさせたいと、アメリカンスクールの幼稚園に通わせ、ここで英語が大好きな女の子に。ところが、ゆきえさんの離婚により、祖母のいる愛知へと住まいが変わるのです。

引っ越してから、ゆきえさんは看護師として、昼夜必死で働きます。必然的におばあちゃんが面倒を見ることになるのです。おばあちゃんにとって、昔とは違う教育環境に不安があったのでしょう。勉強は見てあげられないと、えなちゃんを幼児教育の塾へ通わせます。この塾は、全国展開する塾で、宿題が山のようにありました。まだ、幼いえなちゃんにとって、この宿題は苦痛だったんですね。

その後、ゆきえさんは再婚して、えなちゃんが小学1年生のときに京都へ。そのまま系列の塾へ通わせていたのです。「この頃は、本当に塾の宿題がつらかったよう。でも、宿題がイヤだって言えなかったみたい。そのことを私は全然気づいていなかったんです」とゆきえさん。でも、だんだん宿題を隠したり、捨てたりするようになります。「勉強をするのがつらかったんだなぁ」そのとき初めて気づくんです。

ちょうど、2度目の離婚で、今度は東京へ。小学2年生になったえなちゃんは、ここで塾から解放されます。東京の学校に慣れてきたようで、ひと安心と思っていたのですが、えなちゃんは急に学校へ行かなくなったのです。

この頃、一人さんを本で知ったゆきえさん。今まで、自分の都合で、子どもを振り回していたのではないか、と感じます。子どもをありのままに育てるために、えなちゃんを自由にさせよう、と決断。「学校へ行きたくない」と言うえなちゃんの希望を汲んで、学校へは行かせなくなりました。

あとから、えなちゃんに、学校へ行かなくなったきっかけを聞きました。すると、「無理やり先生に給食を食べさせられて、居残りさせられたの。食べたくないものを食べて苦しかった」と教えてくれたそう。

「小さいときから、無理やり塾に入れて勉強をさせちゃった。イヤだったことをさせ続けちゃったんですね。これからは、もっと自由に好きなことをさせてあげたい。だから大好きな英語だけは、今でも勉強しているんですよ」とゆきえさん。

えなちゃんは、ゲームが大好きで、夢中になると丸一日でもゲームをしています。ゲームのやり方を知るために、漢字を勉強したり、お金の計算もするように。スマホを駆使して、知りたいことは何でも調べます。学校へは行っていないけど、着実に、知識を身につけ、自分で何でもできる子に育っています。

ゆきえさんは、学校や勉強から解放され、笑顔の絶えないえなちゃんを見て、本当にしあわせな気持ちになるそう。自分の選択が間違っていなかった、と確信しています。

物事の考え方次第で、結果は大きく変わる

ところで、えなちゃんは胎内記憶を持っていました。お空の上で、ゆきえさんを選び、この世に来たことをはっきりと覚えています。

「天の上では、ABCDEFとランクがあってね、これは勉強のランクなの。えなはね、

このときから勉強は好きじゃなかったみたい（笑）。でも、勉強のできない子は、地球を平和にするという役割があるの。えなは、たぶんこっちのほうだと思うよ」

「お母さんを選ぶときは、名前のリストがあって、そこから選んだの。私を自由にしてくれるママ、人と比べないママを選んだんだよ」

普段、たどたどしく話すえなちゃんが、すらすらと空の上での出来事を話します。私が感心したのは、「天は、明るくて軽いところなの。そして、地獄は地下にあって、重いところ。軽く考えると天に行けるし、重く考えると、地獄に行っちゃうの」と言うえなちゃんの言葉。一人さんの言う通り、重く考えてはダメ、常に物事をふわふわと軽くとらえることが、天に近づくことなのだと、はっきり感じました。


「これから生まれる子どもたちは、自分軸をきちんと持って生まれる」と、一人さんが話してくれました。ありのまま、子どもの意志のまま育てていいんだということを、えなちゃんを通して再確認しました。

反抗期において大切なことは、親が子どもを信じて、ただ見守ること

体験談④

主婦／フミカさん

反抗期がある人も、ない人もいます。どちらも正しくて、どちらも正解なんです。ただ、思春期になり、自我が芽生えてくると、親の言動に矛盾を感じ反発するのは、当たり前のこと。この時期をうまく乗り越えると、親子の関係もよりスムーズにいくものです。

ちょっと大変な反抗期を体験したフミカさんの話をしてみましょう。

フミカさんは、現在19歳の長女と高校2年の次女がいるお母さんです。長女のルカちゃんは、小さいときから繊細で、人の感情に敏感に影響されやすい「エンパス」という体質を持っていました。

たとえば、テレビで襲われるような場面があると自分が襲われているような状態になったり、グロテスクな場面を見ると体調を崩したりします。フミカさんは、常に心を配りながら子育てをしていました。

ルカちゃんは中学生になると、物をなくしたり、約束事を忘れたり、ことごとくフミカさんの気に入らないことをします。自分が悪いのに、謝ることもしない、ルカちゃんの態度にイライラするフミカさん。怒って、言い合いになることも増えて、「娘と私の相性が悪いのかしら」と悩む日々が続きます。やがて、会話もなくなり、ルカちゃんは心を閉ざしていくようになります。

ちょうどその時期、私の講演会に来てくれたフミカさん。私の講演会の内容に衝撃を受けます。

「子どもはお母さんを守るために、自分で選んで生まれてくるの。子どもは神様からのあずかりもの。自分の所有物じゃないんだよ。だから、愛してほっておくことが大事なんです。ありのままにしておけば、自分で成長するものなの」

これを聞いたフミカさんは、今までの子育ては間違っていたのかも、と感じるのです。そして、今までのことを省みることにしたんです。

ルカちゃんがイヤがったのは何だったのか？　いろいろ思い出してみると、ルカちゃんとはお金のことでもめることが多かったことに気づきます。

たとえば、10万円以上するスマホを買ってほしいとねだられたこと。「お小遣いを貯めて自分で買ってね」と断ると、とたんに機嫌が悪くなりました。また、ダンスで使うウォークマンを買ってあげたら、すぐになくし、4万円もしたのに、謝りもしません。高額なものを要求し、感謝の気持ちもない娘にイライラしていたのは確かです。

でも、一歩引いて考えると、これってまだ子どもで親に甘えているだけ。欲しい物を欲しいと、言っただけなのかもしれない。

さらに、フミカさんがイライラの原因を発見します。ルカちゃんがしていたことは、フミカさんが自分の両親にしたくても、できなかったことだったのです。

「親にはわがままを言ってはいけない、高価なものはねだってはいけないと思い込んでいた。ありのままに、言いたいことを言う娘に、腹を立てていただけ。本当は、自分も小さいころ親にねだりたかったし、言いたいことを言いたかった」

フミカさんの本心が見えてきたのです。

子どもは、「ありのままでいい、甘えていい」、そういう存在なんだと、娘を通してわかります。そして、それがわかると、自分が癒されていくのがわかりました。

まずは、ルカちゃんに謝ることにしたそう。

「今までイライラして、怒ってごめんね。あなたは、子どもは甘えていいって教えてくれるために、イヤな役を引き受けてくれたんだよね。私に対して、〝うるせぇ、くそババ～〟って言ってもいいんだよ」と伝えました。

初めは躊躇《ちゅうちょ》していたルカちゃんですが、急に大声で「うるせぇんだよ、くそババ～」と発したのです。そして、そのまま自分の部屋へ行き、小さなメモ帳を持ってきました。

実は、この中に今までフミカさんにされてイヤだったことがびっしり書かれていたのです。

「1年生のときに消しゴムをなくしてがっかりされた、3年生のときに提出物を出さなくてすごく怒られた、6年生のときは友達や先生の悪口を言って不機嫌な顔された……めちゃくちゃ悔しかった」。泣きながら、このメモ帳を読んで、昔の恨みつらみを発散させました。

フミカさんは、〝こんなに娘も我慢していたんだ〟と、実感。自分の娘なのだから、これからは信じて見守っていこうと思うのです。

その後は、ルカちゃんも一歩前進。心を開いてくれるように。高校に入学しても、反抗はしていましたが、その生活は順調に思えました。

はなゑ流の講演会がもたらしたもの

ところが、高校2年生のとき、ルカちゃんは大きな挫折を味わいます。学校での友人関係に悩み、部活でも居場所がなく、習い事のダンスでもうまくいかない。すべてが八方塞がりになっていました。

顔は青ざめ、生気を失っていくルカちゃんに対し、どうすることもできませんでした。

神はからいなのでしょう、ちょうど私の講演会が、フミカさんの家の近くで行われることになったのです。

そこで、フミカさんは、ルカちゃんを誘うことにしたんです。

「私は先に行くけど、もし気が向けば、はなゑ先生の話を聞きに来てね」。〝本当はすごく来てほしい〟とフミカさんがそう願っていたとき、ご主人とともにルカちゃんが受付に現れます。このとき、力が抜けるほど、安心し〝助かった〟と思ったそう。

この日は、子どもたちの参加も多く、私は子どもにもわかりやすく、親子の関係について話をしました。ルカちゃんは私の話を聞いて、涙する場面もあったよう。

講演後、私はフミカさんに、

「娘ちゃん来てよかったね、帰ったらギュッとハグしてあげてね」と伝えました。

「でも、拒否されちゃうかも」と不安げだったので、

「何度でも、ハグしてあげるんだよ。拒否されても、めげないで、抱きしめてあげて。どんなときでも信じているということを伝えなきゃ」と言って送り出したのです。

その日、先に帰っていたルカちゃんは、リビングにいました。いつもなら、自室に閉

じこもるのに、なぜか1人で音楽を聞いていたのです。私のアドバイス通り、フミカさんは、「ルカ、ハグしていい？」と断って、娘の目をきちんと見てから、しっかり抱きしめました。ルカちゃんは、ただ突っ立って抱きしめられているだけ。なんの言葉も発しません。それでも、心が通じた気がしました。

驚いたのは、手を離したとき。なんと、肩がびっしょり濡れていたのです。ずっと泣いていたのですね。それを知って、フミカさんは胸が熱くなったそうです。

そして、ハグをして愛を伝えてから5か月後、なんとルカちゃんは大爆発したのです。モヤモヤが頂点に達したのでしょう。物を投げる、蹴る、リビングの椅子を投げ飛ばし、装飾品は粉々に壊れ、部屋はめちゃくちゃに。びっくりするような暴れ方でした。でも、この大爆発に、フミカさんは動じませんでした。心の中で「もっとやれ、もっと出しちゃえ」って、逆に応援したのです。

やっとの思いで、自分の中にあるトゲを吐き出したルカちゃん。その顔は晴れ晴れしていました。

これは、心のデトックスだったのですね。この出来事以来、ルカちゃんはまったく反抗しなくなり、小さい頃の優しいルカちゃんに戻ったのです。
1年過ぎた今では、何のわだかまりもなく、反抗期前の仲の良い親子になっています。
ルカちゃんの悩みもすべて解決していました。

反抗期で悩む親は多いものです。親が反抗する子どもと同じように、心を乱してはダメですよ。
どんなに反抗しても、信じて、見守るだけでいいのです。愛していることを言葉で伝えて、ハグして伝える……これが、はなゑ流の愛情表現です。

母親が人生を楽しむことで、周囲も変わる

体験談⑤

パート／マリアさん

家族の中で、お母さんって太陽のような存在なんですよね。お母さんがニコニコ笑顔で生き生きしていると、家族だって明るくいられるものなのです。これこそ、波動ですね。

お母さんが変わることで、家族みんながその光を浴びてしあわせになっちゃう、そんなお話をしましょう。

マリアさんには、２人の息子さんがいます。私が出会った頃、長男のリュウ君は自閉症で、特別支援の高校に通うのが精いっぱいの状況。運動会などの行事にもまともに参加はできません。ただ、リュウ君は、マリアさんにとっていつまでも可愛い存在。そのままでいい、年齢通りに成長しなくてもかまわない、そういう思いで育てていました。

ところが、小学生の弟、シュン君に対しては違いました。できないことに対して口うるさく注意したり、水をこぼしただけで怒ったり。きちんとしつけようと必死でした。自分が親にされたように、手をはたくこともありました。

シュン君はおとなしい性格で、引っ込み思案。高学年になると、マリアさんには心を閉ざし、無言で抵抗するようになるんです。

私が講演会で会ったとき、マリアさんは、自閉症の息子、健常者の息子、２人の子育てに悩んでいることを話してくれました。

「自閉症のリュウ君には、〝そのままでいい〟って思っていたのに、弟君には〝成長すること〟を求めていたんだよね。弟君だって、そのままでいいって思ってほしかったんだよ。心を開かないのは、そのためだよ。〝くそババ〜、バカヤロ〜〟って叫ばせてごらん。弟君もスッキリするはずよ」。こうアドバイスしました。

マリアさんは、帰宅してからシュン君にこのアドバイスを伝えました。

「私、シュンに対して、厳しくしつけをしようとしていたみたい。本当にごめんね。私に対して、怒っていいよ。〝くそババ〜、バカヤロ〜〟って叫んでいいよ」

初めは言いにくそうにしていたシュン君でしたが、一度声を発すると、声が大きくなっていきます。何かを吹っ切るように、〝くそババ〜、バカヤロ〜〟を叫び続けたそう。なんと、この「くそババ〜」大会は、1週間も続きました（笑）。積もりに積もったモヤモヤを1週間かけて吹き飛ばしたんですね。

これをきっかけに、弟のシュン君は大きく変化。引っ込み思案だった性格が一変し、明るくてひょうきんな楽しい男の子に変わっちゃうのです。中学校ではテニス部に入り、2年生で部長に、3年生の夏の大会で団体優勝するほどに。すごいでしょ？

お母さんの明るい、生き生きした波動は家族へも伝わる

この頃、私の講演会や講習会は各地で行われていました。マリアさんは、もっと私や仲間と楽しみたいという思いがあふれていたんです。ところが、ご主人はマリアさんが遠出をすることをイヤがりました。

ある日、どうしても私に会いに東京へ行きたいと頼むと、「ダメだダメだ」の一点張り。〝なんで私だけ好きなことができないの？〟いろんな思いが交錯して、ご主人と大喧嘩に。言い争いの末、マリアさんは、リュウ君を連れて飛び出し、車に乗ってあてのないドライブに出たんです。いつも、誰かが言い争いをしたり喧嘩をすると、『やめて!!』と言わんばかりに前に立ちはだかり止めに入るリュウ君ですが、なぜかこのときはニコニコして、嬉しそう。喧嘩を応援するような笑顔だったそうです。私が思うに、リュウ君はお母さんが思いの通り、ありのままの気持ちを吐露したことが嬉しかったのだと思います。

この話を一人さんにすると、「自閉症の子どもって、神様に近い存在なんだよね。だから、

何でもわかってるんだよ。お母さんがそのままの自分を出したことを喜んで、ニコニコの笑顔で応援していたんだね」と言っていました。

さて、車に乗って車を走らせたものの、あてもないマリアさん。どこかホテルに泊まったほうがいいのか、相談するため友人に電話をかけます。すると、

「あなたは悪くなんてないよ。堂々と帰って、平気な顔で家にいていいんだよ。出ていくのはご主人のほう、あなたじゃない！」

とするどい答えが返ってきます。〝私は悪くない、私にだって自由な時間は必要なんだ〟と改めて確信するんです。

すっかり気持ちが晴れて、笑顔で「ただいまー」と帰宅できたのです。出迎えたのは、泣きそうな顔をしているご主人でした。次の日、ご主人はマリアさんに謝ります。

「今まで、マリアのことを押さえつけて、家に閉じ込めてしまってごめんな。オレが間違っていた。これからは、もっと外へ出て好きなことをやっていいよ」

出て行かれたのがかなりショックだったのか、この日以来、ご主人は一変します。外出するマリアさんを快く送り出し、家事も率先して行うように。お互い、家事をやった

ら「ありがとう」と言い合えるような、素敵な関係になりました。

そして、マリアさんの爆発で、リュウ君も徐々に変わってきます。授業を受けるのも大変で、いつも落ち着かず、教室中をうろうろしていたリュウ君が、机の前に座って、きちんと授業が受けられるように。

「何があったんですか？」って先生が驚くほどです。苦手だった運動会もはりきって参加し、先生の言うことを指示通りこなせるようにもなりました。

リュウ君は今では、立派な社会人。職場では、作業の流れを把握して、指示されなくても働けるようになったそうです。

マリアさんは、自由を手に入れて、仲間と楽しく遊び、私の講演会にも何度も足を運んでくれています。「やりたいことをやりたい！」と、自分の気持ちを表に出しただけ。それだけで、すべての歯車がいい方向へ回り始めたんです。

そして楽しく過ごすマリアさんのパワーが、家族全員に伝わったんですね。みんながやりたいことをして、しあわせになっちゃってる。本当に、驚くような展開でした。

どんなに家族が悩んでいても、お母さんが太陽のように明るく機嫌よくいれば
うまくいく。だから、お母さんはくよくよせずに、毎日を楽しんでほしいんです。

第6章

「自分育て」「子育て」「親子関係」で悩む人からの15の相談

Question 1

うちは3人兄弟で、私は1番下です。小さい頃、何かわがままを言って泣いていたとき、母が「そこで勝手に泣いていなさい」と言って、私以外の家族が、隣の部屋で楽しそうにしていました。そのとき、私は「自分はいなくてもいいんだ」と思い、その後何かあるたびに「やっぱり自分は、いないほうがいいんだ」と思うようになりました。

その傷が未だに消えず、人に心を開くのが苦手で、人間関係が築きづらいです。どうすれば、前向きに進むことができるでしょうか？

Answer

一人さん その考え自体、あなたにとって得する生き方じゃないよ。子どものときには、そういう経験は誰にでもあるの。親も未熟だったんだ、そう思うとラクになるよ。

人はね、この世で遊ぶために生まれてきたんだよ。だから、もっと遊んでください。

はなゑ

たまたま発した未熟な親の言葉を真に受けて、一生を台無しにするなんてもったいない。そのモヤモヤを「解放ワーク」（p95）で発散してください。車の中とかで「くそババ〜」「バカヤロ〜」って大声で叫んで、イヤなことは手放すんです。そして、「自分大好き」って、自分を認めてあげてください。心の大掃除をすると、勘違いなんだってわかるかもしれないしね。

もっと人生を楽しんでほしいです。心地いい人と遊びに行ったり、好きなことを楽しむと、今までの感情がばかばかしく思えてきて、自然とイヤな思いは消えていくものですよ。

あなたは悪くないんだから、自分をゆるして、自分を愛してあげてくださいね。

Question 2

私と妹は幼少期から小学校に上がる頃まで、些細なことが原因で、いつも母からお尻をたたかれていました。その頃の母は、父や姑のことで悩んでいる時期でした。私も結婚と同居を経験し、子どもたちとの暮らしの中で、今になってあの頃の母の気持ちが理解できるようになりました。また、一人さんの教えに出合うことにより、母に抱いていた感情を認め自然とゆるせるようになりました。ただひとつだけ、心から「たたかれたときのみじめな気持ち」だけがどうしても消えないのです。その気持ちを手放すにはどうすればいいでしょうか？

Answer

一人さん オレもね、よくたたかれたの。だけど、うちの母親が年取ってね、「私の自慢は子どもをたたいたことが一回もないことだよ。どうして、自分の産んだ可愛い子をたたくことなんてできるの」って言ってたんだよ（笑）。

たたいたつもりなんかないんだよ。それと、オレのほうもね、ぐだぐだお説教されるなら、一発たたいて終わりにしてくれたほうがラクだったの。親がたたくのなんてたいして痛くなかったしね。

何でもいいほうにとるんだよ。それと、「私は親にたたかれたけど強い人間なんだ」と、話をいいほうに変えちゃえばいいんだよ。過去なんていくらでも変えちゃえばいいんだ。

はなゑ　人にやられてイヤなことは、自分がやらなきゃいいんです。「因果は巡る」が、なくなるのだから、素晴らしいこと。暴力はいけないんだと、あなたがわかるだけで魂の成長になっているんです。

あなたの、イヤだった気持ち、よくわかります。その気持ちを解放し、手放す方法があります。自分でもできるので、「解放ワーク」をやってみてください。また、クッションを投げてストレス解消してもいいし、直接「あのときイヤだった」って親に伝えるのもひとつの方法です。

「あのときはたたかれたけど、今はお母さんといい時間が持てているな」って思えば、もっといい人生がやってきますよ。

Question 3

私は幼児期通っていた幼稚園のクラシックバレエの教室に入りたかったのですが、当時大変ストレスを抱えていた母を思い、そのことを伝えることができなかったことを思い出しました。

幼少期に親に気を遣ってしまったこと、それを中年になるまで引きずることがあるのか？　あるとしたら今世その思いを払拭できるのか、ぜひお聞きしたいです。

Answer

一人さん　自分を被害者にもっていきたかったのかな。こういう人って、バレエを習っていたら習っていたで、「やめたくても、やめさせてくれなかった」って親に文句を言うんだよ。自分を被害者にしちゃいけないよ。あなたはバレエを習わなくてよかったんだよ。神様は見てるからね。

ところで、自分の子どもに、無理やりバレエを習わせたりしていないだろうね。そのほうが心配だよ。自分がやりたかったことを子どもに押し付けちゃダメだよ。

大人になった今こそ、もっと遊ぶことだね。あなた自身がバレエを習うといいよね。別の踊りでもいいけど、一度バレエをやってみればいいんじゃないかな。

はなゑ　親に気を遣って「バレエを習いたい」と言えなかったのなら、とってもいい子だったんです。その頃の自分に「いい子だったね」とほめてあげてください。そして、「もう我慢しなくていいよ」と。

このことを大人になっても引きずるのは、楽しくない生き方です。本当に、今こそ自分の好きなことをすべきですよ。一人さんが言うように、バレエを習うっていうのは大賛成。もちろん、カラオケでも、山登りでも。今からだって、できますよ。もっと人生を楽しみましょう。

Question 4

母ががんにより、発症して2ヶ月で亡くなりました。父、兄、兄嫁の態度が急変しています。すべて父と兄で相続、葬儀、四十九日法要も決め、長男家絶対の態度を示してきます。それが隷属《れいぞく》に近く、我慢できません。

四十九日の法要後の食事会に私の息子と嫁、嫁の両親は出たいと言いますが、私は法要だけ出て食事会は出なくてもよろしいでしょうか？それで今後は盆暮れ正月の線香をあげに行くことで十分と考えています。遺産については顧問弁護士を通し、進めていきます。こういう考えで、父や兄とつき合うことでよいでしょうか？

Answer

一人さん　イヤなら盆暮れだって行かなくてもいいんだよ。顔も見たくないんだから。スッキリしたいなら、徹底的に喧嘩してもいいんだよ。これもひとつの方法だね。

会いたくないなら、会わなくていいの。これが正解です。

はなゑ　自分のお仏壇を買って、自分の家で祈ればいいと思います。今、そういう人が増えていますよ。お位牌も含めて6~7万円で揃うそうです。その金額で、イヤな親戚に会わずにすめば、安いもの。

もし、お墓参りに行くなら、時期をずらして行けばいいんです。親戚に会わないようにすればいいだけ。あなたにとって楽しくて、気持ちが軽くなる考え方をしてくださいね。

Question 5

息子の友達の中に、とっても負けず嫌いな子がいます。遊んでいるのを見ていると、その子は、必ず自分が負けない組み合わせにしたり、負けそうになるとルール変更や言い訳をして、負けない仕組みになっています。息子は負け組にされることが多くて、勝てなくて悔しくてよく泣きます。息子が言い返すこともありますが、強い子なので言い返されます。私に泣いて、色々と訴えてくることもあります。何かいい言葉がけはありますでしょうか？

Answer

一人さん 友達と遊ぶことで、世の中には、ずるい子とか、意地の悪い子とか、万引きする子とか、いろんな子がいるんだってことがわかるんだよ。いい経験をしたってことだね。

親が「友達と仲良く遊びなさい」って言うから、従っているだけ。この言葉は、子どもを苦しめてるよ。「イヤな子とは遊ばなくてもいいよ」って言うことだよね。イヤな奴は友達じゃありません。つき合わなくていいんです。

はなゑ　もっといい子はたくさんいるはずだし、あえてその友達と遊ばなくても、家でゲームしたり、本を読んだりしてもいいと思います。

あなたは、家でゲームするより友達と遊ぶほうがいいって考えていませんか？　今はそんなことはないの。ゲームでだっていろんなことが学べます。ゲームなら世界中に仲間が作れるし、画面の中で大冒険も体験できます。

でも、反対にイヤな思いをしても、その友達と遊びたいのかもしれません。だとしたら、干渉せずに遊ばせてあげてもいいと思いますよ。

子どもが好きなことを自由にさせてあげることが一番大事です。

Question 6

両親は昔からネガティブ思考で愚痴や不満ばかりを言います。そんな両親と会うと波動が下がる気がして、1年以上連絡を取っていません。これからも連絡をとる気になりません。両親は私を心配するあまり、正しい道を押しつけているような気がします。

私ももう結婚しているのだし、両親は両親、私は私の暮らし方や考え方で自立したほうがいいように思います。

母は幼い頃から、実母の悩みや愚痴を聞いて育ってきました。そして実母と二人三脚で歩んできました。そのようにしない私を母は信じられないとも言います。母は私が幼い頃から自分の不安や愚痴を浴びせました。そのうえ心配性で、私の自信を奪ってきたように思います。

そんな両親とどのように接すればいいのでしょうか？

Answer

一人さん　会わなきゃいいんだよ。両親が「あなたを信じられない」って言うなら、「私もお母さんの生き方が信じられない」って倍にして返せばいいんだよ。言い合いっていうのは、正しいほうが勝つんじゃないからね。言い負かしたほうが勝ちなんだよ（笑）。10年でも100年でも会わなくていいんだよ。どうせあの世に行けば会えるんです。そのときは笑って話せるからね。

10年会わないと10％ゆるせるようになる、100年会わないと100％ゆるせるんだよ。死ぬまで会わなくてもいいの。それでも大丈夫だよ。

はなゑ　お母さんは今まで我慢してきたので、同じようにあなたにも我慢を強いるのです。自分が我慢していると、特に子どもに同じことをさせようとしてしまうものなのです。あなたが会いたくなければ、そのままでいいんですよ。我慢して会っても、よけいに嫌いになるだけ。お互いつらいでしょ？

会いたくなったら連絡すればいいし、ずっと会いたくなければそれでいいんです。

誰に何を言われても、あなたが今、明るく生きていれば、大丈夫です。

Question 7

子どものペースに合わせて、笑顔でゆっくり階段を下りたり、公共の場できゃっきゃとはしゃぐ子どもをにこやかに見守るお母さんを見ると、ほんわかした気持ちになり、素敵だな～と思います。今も昔も立ち止まって見てしまうほど憧れるのに、私自身は自分の子どもに、そうした対応ができませんでした。

子どもは悪くなく、間違っているのは私だと、わかっていたのに、ゆっくり見守ることができず、自責の念にかられていました。今は子どもも成人し、離れて暮らしているので、明るく楽しい会話だけになり、ほっとしています。

来世また母になり子どもと接するときに、今世の学びの続きとして、どのように考え行動すれば、優しく器の大きい母親になれるでしょうか？　子育て中、もっと遊んで楽しくしていればよかったのでしょうか？

Answer

一人さん　あなたは完璧を求め過ぎるよ。人間、悪いところって誰でもあるんだよ。頭が悪いか、性格が悪いか、顔が悪いか、胃が悪いか、歯が悪いか……。それはみんな個性なんだ。些細なことで自分を責めているけど、よく考えると周りが迷惑だよ。周りは、あなたの笑顔が見たいんだよ。子どももそうだよ。

ただ、それが正しいって思い込んでいたんだね。こんなことで自己反省しなくていいよ。そんな完璧になれないよ。

気がついて、反省しているだけで、あなたはすごい人ですよ。

はなゑ　一人さんの言うように、素敵な親子を見てイライラするのではなく、ほっこりできるあなたは、いい人だと思いますよ。

もし、モヤモヤがスッキリ晴れないなら、子どもたちに「子育て中は、優しくできなくてごめんね。未熟な母親だったのに、立派に育ってくれてありがとう」と伝えたらいいのではないかな。

そして、反省するより、楽しむこと。昔のことを悔やむなんて、遊びが足りない証拠です。もっともっと、好きなことを見つけて楽しんでください。

Question 8

私の生みの母は1歳のとき脳腫瘍で亡くなりました。その後、実母の兄夫婦に育てられていました。本当の父は後妻さんと姉と一緒に暮らしていて、最初は実の親を叔父と聞いていました。

育ての親だとわかるようになると、私自身、反抗していくようになりました。養母は親戚の人に「娘のことを欲しいと言ったわけじゃない、もらってくれと言われた」と言ったよう。望まれてきたならまだ良かったのにと思いました。

周りの人にいつも助けてもらっていて、今はしあわせに生きています。最近は一人さんのお話を聞いて、お世話になった義母に感謝したいのに、心からはできないでいます。いろいろなトゲのある言葉を言い合い、今お互いの探り合いのような状況になっています。義母のことにとらわれずに毎日を過ごしていきたいです。

Answer

一人さん　自分の人生ってさ、あの世にいるとき、だいたい決めてきているんだよね。そしてそのことで悩むんだよ。悩んで悩んで苦しんで、そして魂が成長するんだよね。そのためにオレたちは生まれてきてるんだよ。ある意味、今、順調にいってるの。もっともっと、苦しんでごらん。迷い方が足りないから答えが見つからないんです。

必ずひとつの答えが出てくるからね。このことが、ダイヤモンドに変わるんだよ。今そのときなの、大丈夫だよ。

はなゑ　お義母さんに対して、「育ててくれたんだから、嫌いな気持ちを持っちゃいけない」って思っているのではないかしら。まずは、「お義母さんを好きになれない」と思っていいよ。イヤなんだから、とことんイヤだと思って、自分をゆるしてあげる。お義母さんを好きでないことを認めて、自分を愛してあげてください。「娘を欲しいと思ったわけではない」という言葉にとらわれているんだよね。ならば、とことんとらわれていいです。イヤだという気持ちを持っていいの。でもね、もしかしたら、売り言葉に買い言葉だったかもしれないよね。

今は信じられないかもしれないですが、とことん自分の気持ちに正直になって寄り添ってあげると、違う景色が見えてくるもの。

自分を大切にしていくと、お義母さんに愛されていたことも思い出すかもしれません。私はそういう人を何人も見てきたからね。まずは自分を愛して、癒すことから始めてみてくださいね。

Question 9

人は、使命を持って生まれてきます。人生において、苦難と言われるような状況になり、それを逃げるという方法で解決した場合、次にまた違う形で、同じような問題が起きる。そして、問題はさらに大きくなってくるように感じています。

これが使命だったら、この問題を解決するという使命を果たさずにいれば、次々に違う形で、問題が出てきてしまうのでしょうか？

ならば、苦しいけど、先に解決したほうがいいような気がしますが、この考えは間違っていますか？　決めてきた使命は、無理だと思っても逃れることはできないのでしょうか？

Answer

一人さん　「使命」だったら、何事もうまくいくんだよ。神の使命だからね、神はどんなことも味方してくれるんです。並外れた苦労があるとか、大きな困難があるなら、それは使命じゃないんだよ。

たとえば、美空ひばりは歌で人を喜ばせるという使命があった。こういう人には歌がうまくて、美しい声を持たせてくれた。音痴な人じゃできないからね。

この人は勘違いしていると思うよ。使命と困難をごちゃまぜにしているの。使命と困難は一緒じゃないよ。

オレが納税日本一になったときだって、苦労や困難なんてひとつもなかった。神様が、一人さんの思いをみんなに伝えやすいように、「納税日本一」を授けてくれたんです。そのおかげで、本も出せて、たくさんの講演もできて、ファンも増えたの。

何事も「ラクで、楽しくて、簡単」が一番なんです。

はなゑ　使命って、自分が楽しくなることだと思うの。つまり、しあわせになることなんです。

困難が襲ってくるならば、何かが間違っているということ。困難が大きくなるってことは、違うほうに突き進んでいるってことです。この困難は、使命ではありません。

それからね、何度も同じことが起こるなら、それは自分の魂がわざと起こしているんです。もっと成長してしあわせになるために。これをうまく乗り越えたとき、つまり何か気づきがあったときに、とんでもないしあわせが起きるんです。

あなたは、何かを間違えている。苦しいのは、間違っているというお知らせです。〝人は楽しむために生まれてきている〟ってことを伝えたいです。

Question 10

3歳と、5歳の子どもがいて、フルタイムで仕事をしています。主人は単身赴任で、私だけが子育てをしています。もちろん、子どもは可愛いのですが、余裕がなく、怒ってしまったり、急がせてしまうことも多々あります。怒った後、後悔したり、反省したりしてしまいます。時間がなく、セカセカしてしまう子育ては、子どもに悪影響を及ぼしているのでしょうか？

Answer

一人さん　オレは7人兄弟だったの。昔はね、洗濯機だって、掃除機だってなかったからね。母親は子どもに構っている時間なんてなかったんだよ。今は構い過ぎなんだよ。昔は、いちいち注意する暇なんてなかったの。その時代に比べたら、今の時代は暇な人が多いんだ。

子どもとの時間も大切だけど、自分の時間も大切にしてごらん。本を読むでも、一人でおいしいケーキを食べるでもいいよ。もう少し余裕ができたら、演劇を見たり、買い物に行ったり、ダンスしたり、好きな時間をいっぱい作るんだよ。お母さんが好きなことをすることこそ、子どもにいい影響を与えるんです。

はなゑ　子どもに愛情を注いでいるのなら、悪影響はないと思いますよ。「これはダメ」「あれはダメ」「ああしなさい」「こうしなさい」ってコントロールすることがよくないんです。好きにさせてあげるのが一番ですよ。

また、反省することがあるなら「あのときは怒ってごめんね」って伝えると、子どもは優しいから、わかってくれますよ。ごまかすほうがイヤがります。

あなた自身もときには家事をさぼって、好きなことをやる時間を作ってみてください。お母さんがニコニコ機嫌がいいだけで、子どもは喜びますよ。

Question 11

2人姉妹で、姉は遠くに離れて、それぞれ家庭を持っています。仲は悪くないのですが、今は「コロナ」禍によって疎遠のままで、連絡を取りたいという気持ちになれません。

カウンセラーとして活動をしていながら、どこかで薄情な自分、姉を慕えない自分を責めています。同性の兄弟としての課題とかってあるのでしょうか？　また、同性の兄弟の上手なつき合い方を教えてください。

Answer

一人さん　楽しく心が軽くなる考えをしなくちゃいけないね。姉妹でも、友達でも「仲良くしなくちゃ」なんて考えなくていいんだよ。本当に仲が良ければ、ほっといても仲良くなるの。これは、同性とか、異性とか関係ないよ。

厳しいことを言うようだけど、自分を責めることで、正しく見せようとしているの。正しくなる必要はないんです。楽しくいることだよ。

はなゑ　姉妹、それぞれがしあわせになれば、それで大丈夫なの。仲良くしようなんて思わなくていいんです。あなたは薄情なんかじゃありません。それにお姉さんを慕う必要もない。

まず、自分のことを認めてあげようよ。自分で自分をしあわせにしてあげることです。気持ちを軽くすることが一番ですよ。

Question 12

私は、5人兄姉の末っ子で、兄1人と姉3人がいます。父母は、とても厳しく、兄を頂点とする封建的な兄弟関係で育ちました。加えて、私は中学に上がるときに、叔母に養女にもらわれ、1～2ヶ月でまた元の家族に戻されたという過去があります。そのために、とても傷つき、帰ってきてから、兄姉からも、学校でも、いじめがあり、それに反発するようになりました。

あまりにもショックで、自分の感情と向き合うこともできず、自分の心をそのままにして、生きてきました。一人さんやお弟子さんたちに出会ってから、癒され、人生を前に進めるようになりました。

自分が選んで生まれてきた人生だから、それを生かして生きようと思っています。これからの人生、自分を愛して、みんなと楽しい人生を送っていきたいので、アドバイスをお願いいたします。

Answer

一人さん　遊ぶことだよ。一人さんファンの仲間がいるなら、一緒にお寺参りや神社参りをしたりして、踊ったり、歌ったりして楽しみな。

「小さいときに養女に出されて」って、言ってるけど、徳川家康なんか、小さいときは人質にされてたんだよ。それでも天下を取っちゃうんだから、引け目に感じることはないの。同じような環境でも、うまくいってる人はいるからね。

はなゑ　封建的な家族の中で、末っ子だったから、みんなの言いなりにされたのね。そこから抜けられてよかった。いろいろ傷ついたのだと思います。

〝イヤだったね〞って、自分を認めて、自分に寄り添ってあげてください。

それから、無理して、多くの人の輪の中に入らなくていいと思いますよ。

文章を拝見すると、今は仲間もできて、前に進んでいるみたいで、本当によかった。いっぱい傷ついて立ち直ったのなら、今度は傷ついた人を癒すこともできるはず。これがお役目かもしれませんね。

Question 13

会社にものすごくネガティブ思考の女性がいます。また、何かあると、他人の欠点を見つけ出すタイプで、主張だけは激しかったりします。仕事に関しても、どうせやるのであれば、面白くやればいいし、もっと愛情を込めて行えばいいと思うのですが、どちらかというと、効率重視です。どのように彼女と接していけばよいのでしょうか？

また、そのような人は、小さい頃の親との関係なども影響しているものなのでしょうか？

Answer

一人さん　いちいちネガティブ思考の人にはね、こっちもいちいち注意してあげればいいの。「そういう口の利き方よくないよ」とか「そういう考え方ダメだよ」とかね。それが自分のためだし、相手のためなんです。我慢して不満を溜めるのがよくないんだよね。イヤだったらその場で、伝えるべきだね。波風立てなきゃ、解決できないこともあるんだよ。

はなゑ　この女性が上司だとしたら、「その言い方、傷ついちゃうんですけど」って、軽く言うことですね。効率を重視するのは悪いことではないけど、みんなを敵に回したら、効率はさらに悪くなるからね（笑）。優しく指摘するといいと思いますよ。

それから、ネガティブな女性の親子関係が問題ではなく、あなたの親子関係にも問題があるかもしれませんよ。あなたも親にイヤなことをイヤだと言えなかったんじゃないかしら？　同僚でも、親でも、上司でも、やられてイヤなことは、きちんと伝えてみてください。大概のことはびっくりするくらいうまくいきますよ。

Question 14

私は昔から親に、箸の上げ下ろしを注意されたり、ちょっとしたことでたたかれたり、兄弟と比較されたりしてきました。自分が親になって気づくのですが、親からされてイヤだったことを、自分も結構してしまっているのです。そんな自分がイヤで自己嫌悪に陥ります。

Answer

一人さん　そのやり方しか知らないからだよ。親と同じ方法を取ってしまうのは仕方ないこと。でも、それがイヤなら、他の方法でうまくいくことを学ぶべきだね。

明るく楽しいことをして、愛のある言葉をしゃべってごらん。そして、まずは自分の時間を楽しむことだね。イヤなことを子どもにはしなくなるよ。

はなゑ イヤだったのに、イヤなことを我慢していたのね。子どものときの我慢が解放されずに、残っているんですね。これを手放していくと、ラクになってきますよ。

親にされてイヤだったことは、「イヤだったね」って自分に寄り添って、思いを解放してあげてください。だんだん、子どもにやらなくなってきますよ。

Question 15

私は営業職で休日も出勤することがあります。子どもたちには最低限のことしかやってあげられません。ときどき子どもに対して申し訳ない気持ちにもなります。

ママ友の中には専業主婦で、何から何まで子どものためにと尽くしている人もいます。それはそれで、子どもとしても負担になったりしないものなのかと思うこともあります。

家庭はそれぞれですが、今のまま働き続けていいのか、不安になるときがあります。アドバイスをいただければ嬉しいです。

Answer

一人さん　働いているほうが、お金も稼げて、外の世界も見られて、いいと思うよ。女性はこれから、もっと自立すべきだからね。実は、子どもは親がいないほうがラクなんだよ。自分で工夫するから、成長もできるんです。

もちろん、専業主婦でもいいんだよ。ただ、家にゆとりがあるなら、子どものことはさておき、遊ばなきゃいけない（笑）。主婦も大変って言うけど、遊ぶ時間を作ることだよね。遊ぶことは「悪」だと思っている人がいるんだよ。悪と思うから、子どもも隠れて遊ぶんだよ。遊ぶことは、楽しくてしあわせになることだと、親が教えることが大事なんだ。

はなゑ　子どもに構い過ぎる人は、専業主婦でも働いていてもダメなんです。構い過ぎる、つまり過干渉でいると、子どもは壊れます。萎縮しちゃうの。親は遊んで、子どもに構う時間を自分に使う。実は、これが、子どもがしあわせになれる秘訣なんです。

あなたが、仕事を好きなら、ぜひそのまま続けてください。子どもに対しては、最低限のことで大丈夫。ただし、「大好きだよ」「あなたのことを信じているよ」って、愛のある言葉をかけてあげて、見守ってあげてくださいね。

おわりに

この本は、ひとつひとつがいいお話です。
かめばかむほど味が出る、そんな話が満載です。
ぜひ、人生のバイブルにしてください。

斎藤一人

ぴあ

斎藤一人さん&舛岡はなゑさん 書籍シリーズ

大好評発売中!

斎藤一人さんの最新刊。巻頭には人気の、はなゑ先生との対談を掲載。
どんな危機に直面しても、明るく生きられるヒントが満載。

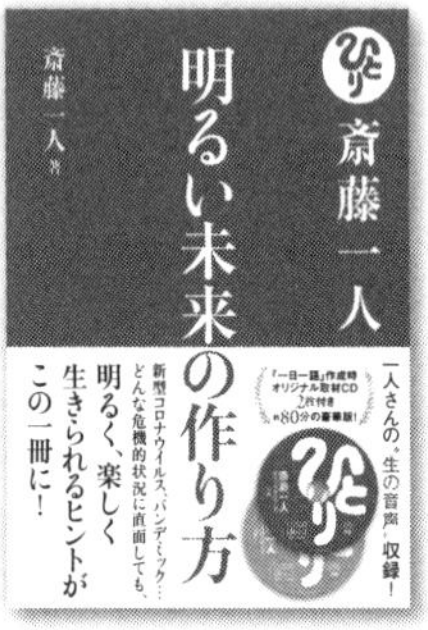

最新刊 CD付

ぴあ刊『一日一語』作成時の、オリジナル取材CD2枚付き。一人さんの"生の音声"を収録。

『斎藤一人 明るい未来の作り方』
斎藤一人著
定価1,980円
(本体1,800円+税)

ぴあから刊行の一人さんと、お弟子さんの舛岡はなゑさんの共著シリーズ。
一人さんとはなゑさんの教えを聞き、あなたの未来は明るいものに。
どんな時でも、楽しく生きていくヒントが詰まった、人気のシリーズ。

『斎藤一人 男を上げる女 女を上げる男』
斎藤一人・舛岡はなゑ著
定価1,540円
(本体1,400円+税)

男女の立場から、「男」と「女」に関して、一人さんとはなゑさんが交互に伝授。男女のみならず、人間関係の悩みもスッキリ!

『斎藤一人 我慢しない 生き方』
斎藤一人・舛岡はなゑ著
定価1,540円
(本体1,400円+税)

我慢しなくて生きられたら…と思いながら、我慢を重ねて苦しむ多くの人へ。我慢しないで成功する方法を伝授。

ご購入は、全国の書店、ネット書店にて

斎藤一人さんのお弟子さんのブログ

柴村恵美子さんブログ
「斎藤一人 一番弟子 柴村恵美子公式ブログ」
https://ameblo.jp/tuiteru-emiko/

みっちゃん先生ブログ
「みっちゃん先生公式ブログ」
http://mitchansensei.jugem.jp

宮本真由美さんブログ
「斎藤一人・宮本真由美 芸能人より目立つ!! 365日モテモテ♡コーディネート♪」
https://ameblo.jp/mm4900/

千葉純一さんブログ
「斎藤一人 弟子 千葉純一」
https://ameblo.jp/chiba4900/

宇野信行さんブログ
「のぶちゃんの絵日記」
https://ameblo.jp/nobuyuki4499

おがちゃんブログ
「いつも顔晴る笑顔が一番」
https://ameblo.jp/mukarayu-ogata/

斎藤一人さんの公式ブログ

https://ameblo.jp/saitou-hitori-official/

一人さんが毎日、あなたのために、
ついている言葉を日替わりで載せてくれています。
ぜひ、遊びに来てください。

舛岡はなゑさん最新情報

舛岡はなゑさんの最新情報については以下をご確認ください。

YouTube
舛岡はなゑ はなちゃんねる

舛岡はなゑ
講演会日程

［ブログ］
https://ameblo.jp/tsuki-4978/

［インスタグラム］
https://www.instagram.com/masuoka_hanae/?hl=ja

［クラブハウス］
【斎藤一人】名代一番指名・舛岡はなゑ
「人生は波動」聞いてるだけで安心と成功の波動になる
※毎日22時～（2021年7月現在）

斎藤一人（さいとう・ひとり）

東京生まれ。実業家・著述家。ダイエット食品「スリムドカン」などのヒット商品で知られる化粧品・健康食品会社「銀座まるかん」の創設者。1993年以来、全国高額納税者番付12年間連続6位以内にランクインし、2003年には日本一になる。土地売買や株式公開などによる高額納税者が多い中、事業所得だけで多額の納税をしている人物として注目を集めた。高額納税者の発表が取りやめになった今でも、着実に業績を上げている。また、著者としても「心の楽しさと経済的豊かさを両立させる」ための本を多数出版している。『眼力』（サンマーク出版）、『強運』（PHP研究所）、『仕事と人生』（SBクリエイティブ）、『一人道』（マキノ出版）、『一日一語　令和編』『明るい未来の作り方』（ぴあ）など著書は多数。

舛岡はなゑ（ますおか・はなえ）

東京都江戸川区生まれ。実業家。斎藤一人さんの弟子の一人。病院の臨床検査技師を経て、喫茶店「十夢想家」を開く。偶然、来店した一人さんから「精神的な成功法則」と「実践的な成功法則」の両方を学び、その後女性実業家として大成功を収める。東京都江戸川区の長者番付の常連に。現在、「一人道セミナー」、「開運メイク」など、全国での講演活動も精力的に行っている。著書に、『斎藤一人 ハッピー・ワープ！』（ライトワーカー）、『人にもお金にも愛される 美開運メイク』（マキノ出版）、『斎藤一人 この先、結婚しなくてもズルいくらい幸せになる方法』（KADOKAWA）、『男を上げる女 女を上げる男』『我慢しない生き方』（ぴあ・共著）などがある。

「銀座まるかん」の商品の問い合わせは、以下まで。

『オフィスはなゑ』　TEL.03-5879-4925

斎藤一人
同じことをしても うまくいく人 いかない人

2021年7月30日　初版発行

著者　斎藤一人 舛岡はなゑ
発行人　木本敬巳
企画・原稿・編集　相川未佳
編集　山田真優
装丁・デザイン　金井久幸＋藤 星夏（TwoThree）
DTP　TwoThree
発行・発売　ぴあ株式会社
〒150-0011
東京都渋谷区東1-2-20
渋谷ファーストタワー
03-5774-5262（編集）
03-5774-5248（販売）
印刷・製本　中央精版印刷株式会社

ISBN978-4-8356-4631-2